Le guide complet du serveur VPN : Créez votre propre VPN dans le cloud

ISBN 979-8349527753

Table des matières

1 Introduction

1.1 Pourquoi créer son propre VPN

À l'ère du numérique, la confidentialité et la sécurité en ligne sont devenues de plus en plus cruciales. Les pirates informatiques et autres acteurs malveillants recherchent constamment des moyens de voler des informations personnelles et des données sensibles, ce qui rend essentiel de prendre les mesures nécessaires pour protéger nos activités en ligne.

Une façon d'améliorer la confidentialité et la sécurité en ligne est de créer son propre réseau privé virtuel (VPN), qui peut offrir une gamme d'avantages :

1. Confidentialité accrue : en créant votre propre VPN, vous pouvez vous assurer que votre trafic Internet est chiffré et caché des regards indiscrets, tels que votre fournisseur d'accès Internet. L'utilisation d'un VPN peut être particulièrement utile lorsque vous utilisez des réseaux Wi-Fi non sécurisés, tels que ceux que l'on trouve dans les cafés, les aéroports ou encore les chambres d'hôtel. Cela peut aider à protéger vos activités en ligne et vos données personnelles contre le suivi, la surveillance ou l'interception.

2. Sécurité accrue : les services VPN publics peuvent être vulnérables aux piratages et aux violations de données, ce qui peut exposer vos informations personnelles aux cybercriminels. En créant votre propre VPN, vous pouvez avoir un meilleur contrôle sur la sécurité de votre connexion et des données qui y sont transmises.

3. Rentabilité : bien qu'il existe de nombreux services VPN publics disponibles, la plupart d'entre eux impliquent des frais d'abonnement. En créant votre propre VPN, vous pouvez éviter ces coûts et avoir plus de contrôle sur votre utilisation de ce VPN.

4. Accès à des contenus géographiquement restreints : certains sites Web et services en ligne peuvent être restreints dans certaines régions, mais en vous connectant à un serveur VPN situé dans une autre région, vous

pourrez peut-être accéder à des contenus qui ne vous sont pas accessibles autrement.

5. Flexibilité et personnalisation : la création de votre propre VPN vous permet de personnaliser votre expérience VPN en fonction de vos besoins spécifiques. Vous pouvez choisir le niveau de chiffrement que vous souhaitez utiliser, l'emplacement du serveur et le protocole réseau tel que TCP ou UDP. Cette flexibilité peut vous aider à optimiser votre VPN pour des activités spécifiques telles que les jeux, le streaming ou le téléchargement, vous offrant une expérience transparente et sécurisée.

Dans l'ensemble, la création de votre propre VPN peut être un moyen efficace d'améliorer la confidentialité et votre sécurité en ligne tout en offrant flexibilité et rentabilité. Avec les bonnes ressources et les bons conseils, cela peut être un investissement précieux pour assurer votre sécurité en ligne.

1.2 À propos de ce livre

Ce livre est un guide complet pour créer votre propre serveur VPN IPsec, OpenVPN ou WireGuard. Les chapitres 2 à 10 couvrent l'installation du VPN IPsec, la configuration et la gestion du client, l'utilisation avancée, le dépannage et plus encore. Les chapitres 11 et 12 couvrent le VPN IPsec sur Docker et l'utilisation avancée. Les chapitres 13 à 15 couvrent l'installation d'OpenVPN, la configuration et la gestion du client. Les chapitres 16 à 18 couvrent l'installation, la configuration et la gestion du VPN WireGuard.

IPsec VPN, OpenVPN et WireGuard sont des protocoles VPN populaires et largement utilisés. Internet Protocol Security (IPsec) est une suite de protocoles réseau sécurisés. OpenVPN est un protocole VPN open source, robuste et très flexible. WireGuard est un VPN rapide et moderne conçu dans le but de faciliter l'utilisation et de fournir des performances élevées.

1.3 Mise en route

1.3.1 Créer un serveur cloud

Dans un premier temps, vous aurez besoin d'un serveur cloud ou d'un serveur privé virtuel (VPS) pour créer votre propre VPN. Entre autres, voici quelques fournisseurs de serveurs populaires :

- DigitalOcean (https://www.digitalocean.com)
- Vultr (https://www.vultr.com)
- Linode (https://www.linode.com)
- OVH (https://www.ovhcloud.com/en/vps/)
- Hetzner (https://www.hetzner.com)
- Amazon EC2 (https://aws.amazon.com/ec2/)
- Google Cloud (https://cloud.google.com)
- Microsoft Azure (https://azure.microsoft.com)

Tout d'abord, choisissez un fournisseur de serveur. Reportez-vous ensuite aux liens du didacticiel (en anglais) ou aux exemples d'étapes pour DigitalOcean ci-dessous pour commencer. Lors de la création de votre serveur, il est recommandé de sélectionner la dernière version d'Ubuntu Linux LTS ou Debian Linux (Ubuntu 24.04 ou Debian 12 au moment de la rédaction) comme système d'exploitation, possédant 1 Go de mémoire, voire plus.

- How to set up a server on DigitalOcean
  https://www.digitalocean.com/community/tutorials/how-to-set-up-an-ubuntu-20-04-server-on-a-digitalocean-droplet
- How to create a server on Vultr
  https://serverpilot.io/docs/how-to-create-a-server-on-vultr/
- Getting started on the Linode platform
  https://www.linode.com/docs/guides/getting-started/
- Getting started with an OVH VPS
  https://docs.ovh.com/us/en/vps/getting-started-vps/
- Create a server on Hetzner
  https://docs.hetzner.com/cloud/servers/getting-started/creating-a-server/

- Get started with Amazon EC2 Linux instances
  https://docs.aws.amazon.com/AWSEC2/latest/UserGuide/index.html
- Create a Linux VM in Google Compute Engine
  https://cloud.google.com/compute/docs/create-linux-vm-instance
- Create a Linux VM in the Azure portal
  https://learn.microsoft.com/en-us/azure/virtual-machines/linux/quick-create-portal

Exemples d'étapes pour créer un serveur sur DigitalOcean :

1. Créez un compte DigitalOcean : accédez au site Web de DigitalOcean (https://www.digitalocean.com) et créez un compte si vous ne l'avez pas déjà fait.

2. Une fois que la connexion au tableau de bord de DigitalOcean sera établie, cliquez sur le bouton « Create » dans le coin supérieur droit de l'écran et sélectionnez « Droplets » dans le menu déroulant.

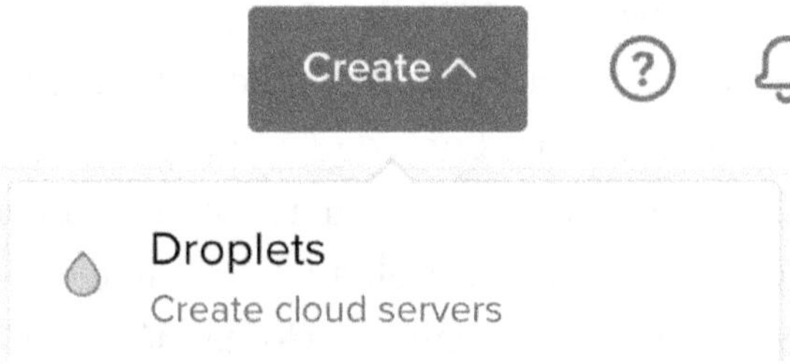

3. Sélectionnez une région de centre de données en fonction de vos besoins, par exemple la plus proche de votre emplacement.

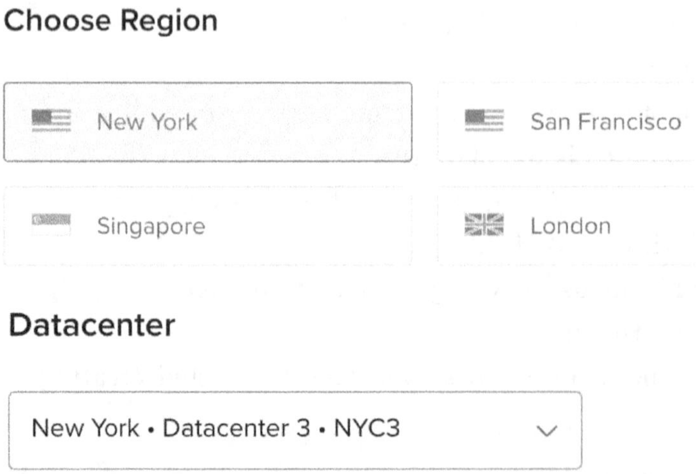

4. Sous « Choose an image », sélectionnez la dernière version d'Ubuntu Linux LTS (par exemple Ubuntu 24.04) dans la liste des images disponibles.

5. Choisissez un plan pour votre serveur. Vous pouvez choisir parmi différentes options en fonction de vos besoins. Pour un VPN personnel, un plan de base de CPU partagé avec un disque SSD ordinaire et 1 Go de mémoire sera probablement suffisant.

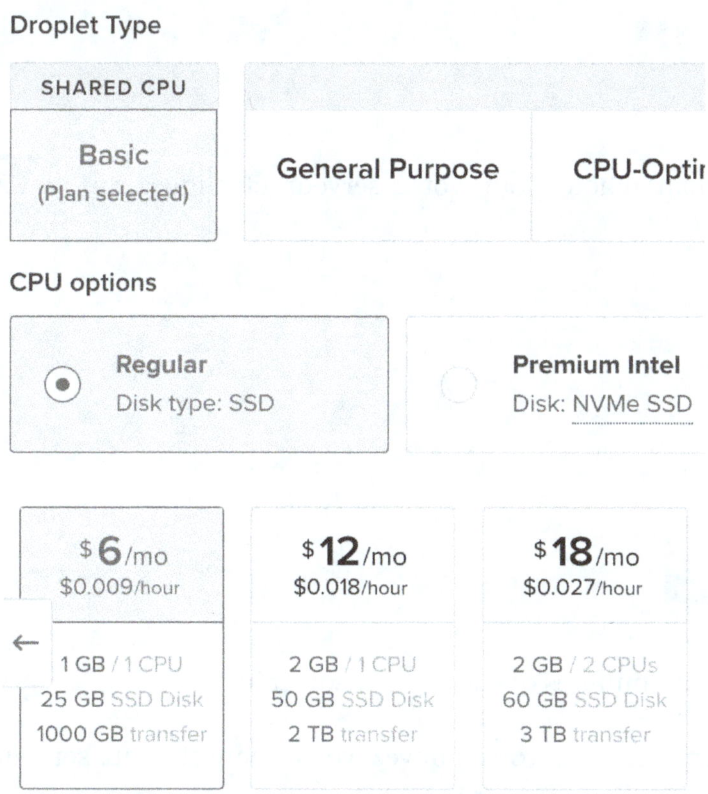

6. Sélectionnez « Password » comme méthode d'authentification, puis saisissez un mot de passe root fort et sécurisé. Pour la sécurité de votre serveur, il est essentiel de choisir un mot de passe root fort et sécurisé. Vous pouvez également utiliser des clés SSH pour l'authentification.

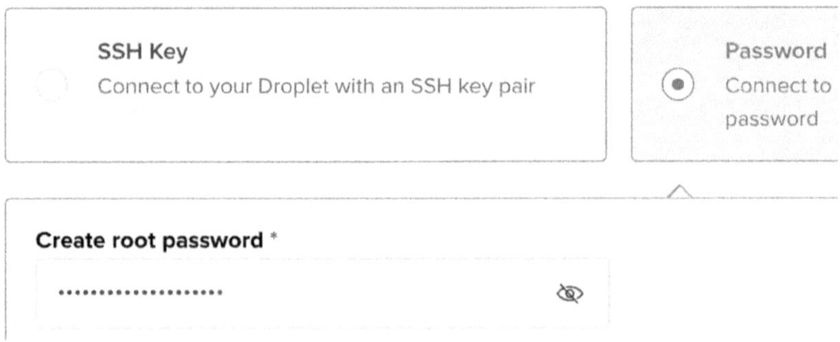

7. Sélectionnez des options supplémentaires telles que les sauvegardes et IPv6 si vous le souhaitez.

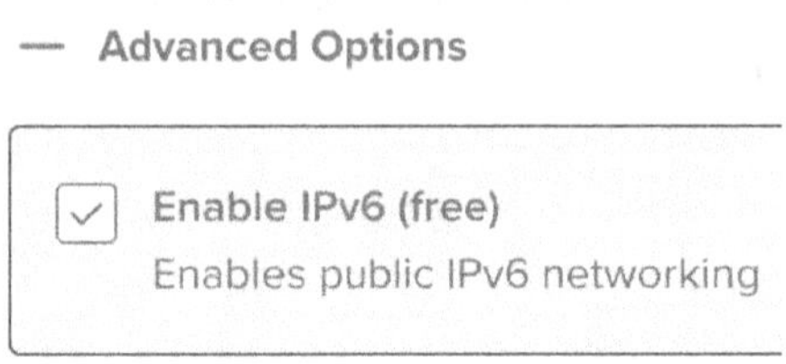

8. Saisissez un nom d'hôte pour votre serveur et cliquez sur « Create Droplet ».

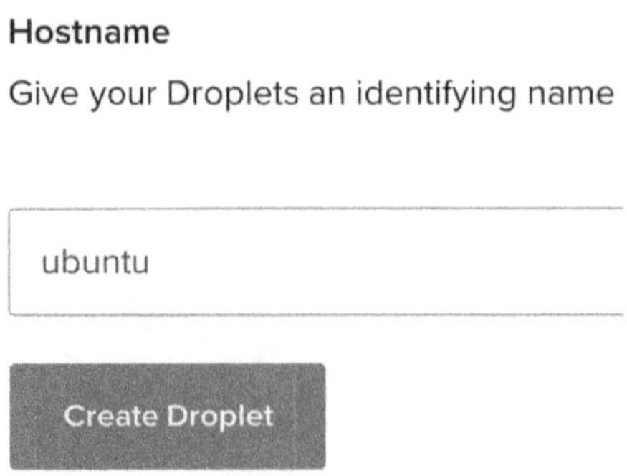

9. Attendez quelques minutes que le serveur soit créé.

Une fois votre serveur prêt, vous pouvez vous connecter au serveur en utilisant le nom d'utilisateur root et le mot de passe que vous avez saisi lors de la création du serveur.

1.3.2 Se connecter au serveur

Une fois votre serveur créé, vous pouvez y accéder via SSH. Vous pouvez utiliser le terminal sur votre ordinateur local ou un outil comme Git pour Windows pour vous connecter à votre serveur à l'aide de son adresse IP et de vos identifiants de connexion root.

Pour vous connecter à votre serveur via SSH depuis Windows, macOS ou Linux, suivez les étapes ci-dessous :

1. Ouvrez le terminal sur votre ordinateur. Sous Windows, vous pouvez utiliser un émulateur de terminal comme Git pour Windows.

   Git pour Windows : https://git-scm.com/downloads
   Téléchargez la version portable, puis double-cliquez pour l'installer. Une fois terminé, ouvrez le dossier « PortableGit » et double-cliquez pour exécuter « git-bash.exe ».

2. Tapez la commande suivante en remplaçant « username » par votre nom d'utilisateur (par exemple, « root ») et « server-ip » par l'adresse IP ou le nom d'hôte de votre serveur :

   ```
   ssh username@server-ip
   ```

3. Si c'est la première fois que vous vous connectez au serveur, on vous demandera peut-être d'accepter l'empreinte de la clé SSH du serveur. Tapez « yes » et appuyez sur Entrée pour continuer.

4. Si vous utilisez un mot de passe pour vous connecter, on vous indiquera de saisir votre mot de passe. Tapez votre mot de passe et appuyez sur Entrée.

5. Une fois l'authentification réalisée, la connexion au serveur via SSH sera établie. Vous pouvez alors exécuter des commandes sur le serveur via le terminal.

6. Pour vous déconnecter du serveur une fois terminé, tapez simplement la commande « exit » et appuyez sur Entrée.

Vous pouvez à présent créer votre propre VPN !

2 Créez votre propre serveur VPN IPsec

Voir ce projet sur le Web : https://github.com/hwdsl2/setup-ipsec-vpn

Configurez votre propre serveur VPN IPsec en quelques minutes seulement, avec IPsec/L2TP, Cisco IPsec et IKEv2.

Un VPN IPsec chiffre votre trafic réseau, de sorte que personne entre vous et le serveur VPN ne puisse espionner vos données lorsqu'elles circulent sur Internet. Cela est particulièrement utile lorsque vous utilisez des réseaux non sécurisés, par exemple dans des cafés, aéroports ou chambres d'hôtel.

Nous utiliserons Libreswan (https://libreswan.org) comme serveur IPsec et xl2tpd (https://github.com/xelerance/xl2tpd) comme fournisseur L2TP.

2.1 Caractéristiques

- Configuration du serveur VPN IPsec entièrement automatisée, aucune intervention de l'utilisateur n'est requise
- Prend en charge IKEv2 avec des chiffrements forts et rapides (par exemple AES-GCM)
- Génère des profils VPN pour configurer automatiquement les appareils iOS, macOS et Android
- Prend en charge Windows, macOS, iOS, Android, Chrome OS et Linux en tant que clients VPN
- Inclut des scripts d'aide pour gérer les utilisateurs et les certificats VPN

2.2 Démarrage rapide

Tout d'abord, préparez votre serveur Linux* avec l'installation d'Ubuntu, Debian ou CentOS. Utilisez ensuite cette ligne de commande pour configurer un serveur VPN IPsec :

```
wget https://get.vpnsetup.net -O vpn.sh && sudo sh vpn.sh
```

* Un serveur cloud, un serveur privé virtuel (VPS) ou un serveur dédié.

Vos informations de connexion VPN seront générées aléatoirement et affichées une fois terminées.

Pour les serveurs dotés d'un pare-feu externe (par exemple Amazon EC2), ouvrez les ports UDP 500 et 4500 pour le VPN.

Exemple de sortie :

```
================================================

IPsec VPN server is now ready for use!

Connect to your new VPN with these details:

Server IP: 192.0.2.1
IPsec PSK: [Votre clé prépartagée IPsec]
Username: vpnuser
Password: [Votre mot de passe VPN]

Write these down. You'll need them to connect!

VPN client setup: https://vpnsetup.net/clients

================================================

================================================

IKEv2 setup successful. Details for IKEv2 mode:

VPN server address: 192.0.2.1
VPN client name: vpnclient

Client configuration is available at:
/root/vpnclient.p12 (for Windows & Linux)
/root/vpnclient.sswan (for Android)
/root/vpnclient.mobileconfig (for iOS & macOS)

Next steps: Configure IKEv2 clients. See:
https://vpnsetup.net/clients
```

==

Facultatif : installez WireGuard et/ou OpenVPN sur le même serveur. Consultez les chapitres 13 et 16 pour plus de détails.

Étapes suivantes : configurez votre ordinateur ou votre appareil pour utiliser le VPN. Voir :

3.2 Configurer les clients VPN IKEv2 (recommandé)
5 Configurer les clients VPN IPsec/L2TP
6 Configurer les clients VPN IPsec/XAuth (« Cisco IPsec »)

Pour d'autres options d'installation, lisez les sections ci-dessous.

▼ Si vous ne parvenez pas à télécharger, suivez les étapes ci-dessous.

Vous pouvez également utiliser `curl` pour télécharger :

```
curl -fsSL https://get.vpnsetup.net -o vpn.sh && sudo sh vpn.sh
```

URL de téléchargement alternatives :

```
https://github.com/hwdsl2/setup-ipsec-vpn/raw/master/vpnsetup.sh
https://gitlab.com/hwdsl2/setup-ipsec-vpn/-/raw/master/vpnsetup.sh
```

2.3 Exigences

Un serveur cloud, un serveur privé virtuel (VPS) ou un serveur dédié, avec l'installation de :

- Ubuntu Linux LTS
- Debian Linux
- CentOS Stream
- Rocky Linux ou AlmaLinux
- Oracle Linux
- Amazon Linux 2

▼ Autres distributions Linux prises en charge :

- Raspberry Pi OS (Raspbian)

- Kali Linux
- Alpine Linux
- Red Hat Enterprise Linux (RHEL)

Cela inclut également les machines virtuelles Linux dans les clouds publics, tels que DigitalOcean, Vultr, Linode, OVH et Microsoft Azure. Pour les serveurs dotés d'un pare-feu externe (par exemple EC2/GCE), ouvrez les ports UDP 500 et 4500 pour le VPN.

Déploiement rapide sur Linode :
https://cloud.linode.com/stackscripts/37239

Une image Docker préconstruite est également disponible, voir le chapitre 11 pour plus de détails.

Les utilisateurs avancés peuvent configurer le serveur VPN sur un Raspberry Pi (https://raspberrypi.com). Connectez-vous d'abord à votre Raspberry Pi et ouvrez Terminal, puis suivez les instructions de ce chapitre pour installer le VPN IPsec. Avant de vous connecter, vous devrez peut-être transférer les ports UDP 500 et 4500 de votre routeur vers l'IP locale du Raspberry Pi. Reportez-vous à ces tutoriels :
https://stewright.me/2018/07/create-a-raspberry-pi-vpn-server-using-l2tpipsec/
https://elasticbyte.net/posts/setting-up-a-native-cisco-ipsec-vpn-server-using-a-raspberry-pi/

Attention : n'exécutez PAS ces scripts sur votre PC ou Mac ! Ils ne doivent être utilisés que sur un serveur !

2.4 Installation

Tout d'abord, mettez à jour votre serveur avec `sudo apt-get update && sudo apt-get dist-upgrade` (Ubuntu/Debian) ou `sudo yum update` et redémarrez. Ceci est facultatif, mais recommandé.

Pour installer le VPN, veuillez choisir l'une des options suivantes :

Option 1 : demandez au script de générer des informations d'identification VPN aléatoires pour vous (elles s'afficheront une fois terminées).

```
wget https://get.vpnsetup.net -O vpn.sh && sudo sh vpn.sh
```

Option 2 : modifiez le script et fournissez vos propres informations d'identification VPN.

```
wget https://get.vpnsetup.net -O vpn.sh
nano -w vpn.sh
# [Remplacez par vos propres valeurs : YOUR_IPSEC_PSK,
# YOUR_USERNAME et YOUR_PASSWORD]
sudo sh vpn.sh
```

Remarque : un PSK IPsec sécurisé doit être composé d'au moins 20 caractères aléatoires.

Option 3 : définissez vos informations d'identification VPN en tant que variables d'environnement.

```
# Toutes les valeurs DOIVENT être placées
# entre 'guillemets simples'
# N'utilisez PAS ces caractères spéciaux dans les valeurs : \ " '
wget https://get.vpnsetup.net -O vpn.sh
sudo VPN_IPSEC_PSK='your_ipsec_pre_shared_key' \
VPN_USER='your_vpn_username' \
VPN_PASSWORD='your_vpn_password' \
sh vpn.sh
```

Vous pouvez éventuellement installer WireGuard et/ou OpenVPN sur le même serveur. Voir les chapitres 13 et 16 pour plus de détails. Si votre serveur exécute CentOS Stream, Rocky Linux ou AlmaLinux, installez d'abord OpenVPN/WireGuard, puis installez le VPN IPsec.

▼ Si vous ne parvenez pas à télécharger, suivez les étapes ci-dessous.

Vous pouvez également utiliser « curl » pour télécharger. Par exemple :

```
curl -fL https://get.vpnsetup.net -o vpn.sh && sudo sh vpn.sh
```

URL de téléchargement alternatives :

```
https://github.com/hwdsl2/setup-ipsec-vpn/raw/master/vpnsetup.sh
https://gitlab.com/hwdsl2/setup-ipsec-vpn/-/raw/master/vpnsetup.sh
```

2.5 Étapes suivantes

Configurez votre ordinateur ou votre appareil pour utiliser le VPN. Voir :

3.2 Configurer les clients VPN IKEv2 (recommandé)
5 Configurer les clients VPN IPsec/L2TP
6 Configurer les clients VPN IPsec/XAuth (« Cisco IPsec »)

Profitez de votre propre VPN !

2.6 Remarques importantes

Utilisateurs Windows : pour le mode IPsec/L2TP, une modification ponctuelle du registre est nécessaire si le serveur ou le client VPN se trouve derrière NAT (par exemple, un routeur domestique). Voir le chapitre 7, VPN IPsec : dépannage, section 7.3.1.

Le même compte VPN peut être utilisé sur plusieurs de vos appareils. Cependant, en raison d'une limitation IPsec/L2TP, si vous souhaitez connecter plusieurs appareils derrière le même NAT (par exemple un routeur domestique), vous devez utiliser le mode IKEv2 ou IPsec/XAuth. Pour afficher ou mettre à jour les comptes d'utilisateurs VPN, consultez le chapitre 9, VPN IPsec : gérer les utilisateurs VPN.

Pour les serveurs dotés d'un pare-feu externe (par exemple EC2/GCE), ouvrez les ports UDP 500 et 4500 pour le VPN.

Les clients sont configurés pour utiliser Google Public DNS lorsque le VPN est actif. Si vous préférez utiliser un autre fournisseur DNS, reportez-vous au chapitre 8, VPN IPsec : utilisation avancée.

L'utilisation du support du noyau pourrait améliorer les performances IPsec/L2TP. Il est disponible sur tous les systèmes d'exploitation pris en charge. Les utilisateurs d'Ubuntu doivent installer le paquet `linux-modules-extra-$(uname -r)` et exécuter `service xl2tpd restart`.

Les scripts sauvegarderont les fichiers de configuration existants avant d'effectuer des modifications, avec le suffixe « .old-date-time ».

2.7 Mise à jour de Libreswan

Utilisez cette ligne de commande pour mettre à jour Libreswan (https://libreswan.org) sur votre serveur VPN. Vérifiez la version installée : `ipsec --version`.

```
wget https://get.vpnsetup.net/upg -O vpnup.sh && sudo sh vpnup.sh
```

Journal des modifications :
https://github.com/libreswan/libreswan/blob/main/CHANGES
Annonce : https://lists.libreswan.org

▼ Si vous ne parvenez pas à télécharger, suivez les étapes ci-dessous.

Vous pouvez également utiliser `curl` pour télécharger :

```
curl -fsSL https://get.vpnsetup.net/upg -o vpnup.sh
sudo sh vpnup.sh
```

URL de téléchargement alternatives :

```
https://github.com/hwdsl2/setup-ipsec-
vpn/raw/master/extras/vpnupgrade.sh
https://gitlab.com/hwdsl2/setup-ipsec-
vpn/-/raw/master/extras/vpnupgrade.sh
```

Remarque : `xl2tpd` peut être mis à jour à l'aide du gestionnaire de paquets de votre système, tel que `apt-get` sur Ubuntu/Debian.

2.8 Personnaliser les options VPN

2.8.1 Utiliser des serveurs DNS alternatifs

Par défaut, les clients sont configurés pour utiliser Google Public DNS lorsque le VPN est actif. Lors de l'installation du VPN, vous pouvez éventuellement spécifier un ou des serveur(s) DNS personnalisé(s) pour tous les modes VPN. Exemple :

```
sudo VPN_DNS_SRV1=1.1.1.1 VPN_DNS_SRV2=1.0.0.1 sh vpn.sh
```

Utilisez VPN_DNS_SRV1 pour spécifier le serveur DNS principal et VPN_DNS_SRV2 pour spécifier le serveur DNS secondaire (facultatif).

Vous trouverez ci-dessous une liste de certains fournisseurs DNS publics populaires pour référence.

Fournisseur	**DNS primaire**	**DNS secondaire**	**Remarques**
Google Public DNS	8.8.8.8	8.8.4.4	Par défaut
Cloudflare DNS	1.1.1.1	1.0.0.1	Voir les liens ci-dessous
Quad9	9.9.9.9	149.112.112.112	Bloque les domaines malveillants
OpenDNS	208.67.222.222	208.67.220.220	Bloque les domaines de phishing
CleanBrowsing	185.228.168.9	185.228.169.9	Filtres de domaine disponibles
NextDNS	Varie	Varie	Blocage des publicités
Control D	Varie	Varie	Blocage des publicités

Pour en savoir plus, consultez les sites Web suivants :

Google Public DNS : https://developers.google.com/speed/public-dns
Cloudflare DNS : https://1.1.1.1/dns/
Cloudflare pour les familles : https://1.1.1.1/family/
Quad9 : https://www.quad9.net
OpenDNS : https://www.opendns.com/home-internet-security/
CleanBrowsing : https://cleanbrowsing.org/filters/
NextDNS : https://nextdns.io
Control D : https://controld.com/free-dns

Si vous devez modifier les serveurs DNS après la configuration du VPN, consultez le chapitre 8, VPN IPsec : utilisation avancée.

Remarque : si IKEv2 est déjà configuré sur le serveur, les variables ci-dessus n'ont aucun effet sur le mode IKEv2. Dans ce cas, pour personnaliser les options IKEv2 telles que les serveurs DNS, vous pouvez d'abord supprimer IKEv2 (voir la section 3.8), puis le configurer à nouveau à l'aide de « sudo ikev2.sh ».

2.8.2 Personnaliser les options IKEv2

Lors de l'installation du VPN, les utilisateurs avancés peuvent éventuellement personnaliser les options IKEv2.

Option 1 : ignorez IKEv2 lors de la configuration du VPN, puis configurez IKEv2 à l'aide d'options personnalisées.

Lors de l'installation du VPN, vous pouvez ignorer IKEv2 et installer uniquement les modes IPsec/L2TP et IPsec/XAuth (« Cisco IPsec ») :

```
sudo VPN_SKIP_IKEV2=yes sh vpn.sh
```

(Facultatif) Si vous souhaitez spécifier des serveurs DNS personnalisés pour les clients VPN, définissez « VPN_DNS_SRV1 » et éventuellement « VPN_DNS_SRV2 ». Voir la section précédente.

Après cela, exécutez le script d'aide IKEv2 pour configurer IKEv2 de manière interactive à l'aide d'options personnalisées :

```
sudo ikev2.sh
```

Vous pouvez personnaliser les options suivantes : nom DNS du serveur VPN, nom et période de validité du premier client, serveur DNS pour les clients VPN et protection par mot de passe des fichiers de configuration du client.

Remarque : la variable `VPN_SKIP_IKEV2` n'a aucun effet si IKEv2 est déjà configuré sur le serveur. Dans ce cas, pour personnaliser les options IKEv2, vous pouvez d'abord supprimer IKEv2 (voir section 3.8), puis le configurer à nouveau à l'aide de `sudo ikev2.sh`.

Exemples d'étapes (remplacez par vos propres valeurs) :

Remarque : ces options peuvent changer dans les versions plus récentes du script. Lisez attentivement avant de sélectionner l'option souhaitée.

```
$ sudo VPN_SKIP_IKEV2=yes sh vpn.sh
... ... (sortie omise)

$ sudo ikev2.sh

Welcome! Use this script to set up IKEv2 on your VPN server.

I need to ask you a few questions before starting setup. You can use the default options and just press enter if you are OK with them.
```

Entrez le nom DNS du serveur VPN :

```
Do you want IKEv2 clients to connect to this server using a DNS name, e.g. vpn.example.com, instead of its IP address? [y/N] y

Enter the DNS name of this VPN server: vpn.example.com
```

Entrez le nom et la période de validité du premier client :

```
Provide a name for the IKEv2 client.
Use one word only, no special characters except '-' and '_'.
Client name: [vpnclient]

Specify the validity period (in months) for this client certificate.
Enter an integer between 1 and 120: [120]
```

Spécifiez les serveurs DNS personnalisés :

```
By default, clients are set to use Google Public DNS when the VPN is active.
Do you want to specify custom DNS servers for IKEv2? [y/N] y

Enter primary DNS server: 1.1.1.1
Enter secondary DNS server (Enter to skip): 1.0.0.1
```

Sélectionnez si vous souhaitez protéger par mot de passe les fichiers de configuration client :

```
IKEv2 client config files contain the client certificate, private key and CA certificate. This script can optionally generate a random password to protect these files.

Protect client config files using a password? [y/N]
```

Vérifiez et confirmez les options d'installation :

```
We are ready to set up IKEv2 now.
Below are the setup options you selected.

==================================

Server address: vpn.example.com
Client name: vpnclient

Client cert valid for: 120 months
MOBIKE support: Not available
Protect client config: No
DNS server(s): 1.1.1.1 1.0.0.1

==================================

Do you want to continue? [Y/n]
```

Option 2 : personnalisez les options IKEv2 à l'aide de variables d'environnement.

Lors de l'installation du VPN, vous pouvez éventuellement spécifier un nom DNS pour l'adresse du serveur IKEv2. Le nom DNS doit être un nom de domaine complet (FQDN). Exemple :

```
sudo VPN_DNS_NAME='vpn.example.com' sh vpn.sh
```

De même, vous pouvez spécifier un nom pour le premier client IKEv2. La valeur par défaut est `vpnclient` si elle n'est pas spécifiée.

```
sudo VPN_CLIENT_NAME='your_client_name' sh vpn.sh
```

Par défaut, les clients sont configurés pour utiliser Google Public DNS lorsque le VPN est actif. Vous pouvez spécifier des serveurs DNS personnalisés pour tous les modes VPN. Exemple :

```
sudo VPN_DNS_SRV1=1.1.1.1 VPN_DNS_SRV2=1.0.0.1 sh vpn.sh
```

Par défaut, aucun mot de passe n'est requis lors de l'importation de la configuration client IKEv2. Vous pouvez choisir de protéger les fichiers de configuration client à l'aide d'un mot de passe aléatoire.

```
sudo VPN_PROTECT_CONFIG=yes sh vpn.sh
```

▼ Pour référence : liste des paramètres IKEv1 et IKEv2.

Liste des paramètres IKEv1 avec valeurs par défaut :

Paramètre IKEv1*	**Valeur par défaut**	**Personnaliser (env var)****
Adresse du serveur (nom DNS)	-	Non, mais vous pouvez vous connecter en utilisant un nom DNS
Adresse du serveur (IP publique)	Détection automatique	VPN_PUBLIC_IP
Clé pré-partagée IPsec	Génération automatique	VPN_IPSEC_PSK
Nom d'utilisateur VPN	vpnuser	VPN_USER
Mot de passe VPN	Génération automatique	VPN_PASSWORD
Serveurs DNS pour les clients	Google Public DNS	VPN_DNS_SRV1, VPN_DNS_SRV2
Ignorer la configuration IKEv2	no	VPN_SKIP_IKEV2=yes

* Ces paramètres IKEv1 sont destinés aux modes IPsec/L2TP et IPsec/XAuth (« Cisco IPsec »).

** Définissez-les comme variables d'environnement lors de l'exécution de vpn(setup).sh.

Liste des paramètres IKEv2 avec valeurs par défaut :

Paramètre IKEv2*	**Valeur par défaut**
Adresse du serveur (nom DNS)	-
Adresse du serveur (IP publique)	Détection automatique
Nom du premier client	vpnclient
Serveurs DNS pour les clients	Google Public DNS
Protéger les fichiers de configuration du client	no
Activer/Désactiver MOBIKE	Activer si pris en charge
Validité du certificat client****	10 ans (120 mois)
Validité des certificats CA et serveur	10 ans (120 mois)
Nom du certificat CA	IKEv2 VPN CA
Taille de la clé du certificat	3072 bits

Paramètre IKEv2*	**Personnaliser (env var)****	**Personnaliser (interactif)*****
Adresse du serveur (nom DNS)	VPN_DNS_NAME	✔
Adresse du serveur (IP publique)	VPN_PUBLIC_IP	✔
Nom du premier client	VPN_CLIENT_NAME	✔
Serveurs DNS pour les clients	VPN_DNS_SRV1, VPN_DNS_SRV2	✔
Protéger les fichiers de configuration du client	VPN_PROTECT_CONFIG=yes	✔
Activer/Désactiver MOBIKE	✘	✔

Paramètre IKEv2*	Personnaliser (env var)**	Personnaliser (interactif)***
Validité du certificat client****	VPN_CLIENT_VALIDITY	✔
Validité des certificats CA et serveur	✘	✘
Nom du certificat CA	✘	✘
Taille de la clé du certificat	✘	✘

* Ces paramètres IKEv2 sont destinés au mode IKEv2.
** Définissez-les comme variables d'environnement lors de l'exécution de vpn(setup).sh, ou lors de la configuration d'IKEv2 en mode automatique (`sudo ikev2.sh --auto`).
*** Peuvent être personnalisés lors de la configuration interactive d'IKEv2 (`sudo ikev2.sh`). Reportez-vous à l'option 1 ci-dessus.
**** Utilisez `VPN_CLIENT_VALIDITY` pour spécifier en mois la période de validité du certificat client. Ce doit être un entier compris entre 1 et 120.

Outre ces paramètres, les utilisateurs avancés peuvent également personnaliser les sous-réseaux VPN lors de la configuration du VPN. Voir chapitre 8, VPN IPsec : utilisation avancée, section 8.5.

2.9 Désinstaller le VPN

Pour désinstaller le VPN IPsec, exécutez le script d'aide :

Attention : ce script d'aide supprimera le VPN IPsec de votre serveur. Toute la configuration VPN sera **définitivement supprimée**, et Libreswan et xl2tpd seront supprimés. Cette opération **ne peut pas être annulée** !

```
wget https://get.vpnsetup.net/unst -O unst.sh && sudo bash unst.sh
```

▼ Si vous ne parvenez pas à télécharger, suivez les étapes ci-dessous.

Vous pouvez également utiliser `curl` pour télécharger :

```
curl -fsSL https://get.vpnsetup.net/unst -o unst.sh
sudo bash unst.sh
```

URL de téléchargement alternatives :

```
https://github.com/hwdsl2/setup-ipsec-
vpn/raw/master/extras/vpnuninstall.sh
https://gitlab.com/hwdsl2/setup-ipsec-
vpn/-/raw/master/extras/vpnuninstall.sh
```

Pour plus d'informations, voir le chapitre 10, VPN IPsec : désinstaller le VPN.

3 Guide : comment configurer et utiliser le VPN IKEv2

3.1 Introduction

Les systèmes d'exploitation modernes prennent en charge la norme IKEv2. Internet Key Exchange (IKE ou IKEv2) est le protocole utilisé pour configurer une association de sécurité (SA) dans la suite de protocoles IPsec. Par rapport à la version 1 d'IKE, des améliorations telles que la prise en charge de la mobilité standard via MOBIKE et une meilleure fiabilité ont été apportées à IKEv2.

Libreswan peut authentifier les clients IKEv2 sur la base de certificats de machine X.509 à l'aide de signatures RSA. Cette méthode ne nécessite pas de clé PSK IPsec, de nom d'utilisateur ou de mot de passe. Elle peut être utilisée avec Windows, macOS, iOS, Android, Chrome OS et Linux.

Par défaut, IKEv2 est automatiquement configuré lors de l'exécution du script de configuration VPN. Si vous souhaitez en savoir plus sur la configuration d'IKEv2, consultez la section 3.6 Configurer IKEv2 à l'aide d'un script d'aide. Si vous utilisez Docker, consultez la section 11.9 Configurer et utiliser le VPN IKEv2.

3.2 Configurer les clients VPN IKEv2

Remarque : pour ajouter ou exporter des clients IKEv2, exécutez « sudo ikev2.sh ». Utilisez « -h » pour afficher l'utilisation. Les fichiers de configuration client peuvent être supprimés en toute sécurité après l'importation.

- Windows 7, 8, 10 et 11+
- macOS
- iOS (iPhone/iPad)
- Android
- Chrome OS (Chromebook)

- Linux
- MikroTik RouterOS

3.2.1 Windows 7, 8, 10 et 11+

3.2.1.1 Importer automatiquement la configuration

Screencast : importation automatique de la configuration IKEv2 sur Windows
Regarder sur YouTube : https://youtu.be/H8-S35OgoeE

Les utilisateurs de Windows 8, 10 et 11+ peuvent importer automatiquement la configuration IKEv2 :

1. Transférez en toute sécurité le fichier « .p12 » généré sur votre ordinateur.
2. Téléchargez ikev2_config_import.cmd (https://github.com/hwdsl2/vpn-extras/releases/latest/download/ikev2_config_import.cmd) et enregistrez ce script d'aide dans le **même dossier** que le fichier « .p12 ».
3. Cliquez avec le bouton droit sur le script enregistré, sélectionnez **Propriétés**. Cliquez sur **Débloquer** en bas, puis cliquez sur **OK**.
4. Cliquez avec le bouton droit sur le script enregistré, sélectionnez **Exécuter en tant qu'administrateur** et suivez les instructions.

Pour vous connecter au VPN : cliquez sur l'icône sans fil/réseau dans la barre d'état système, sélectionnez la nouvelle entrée VPN et cliquez sur **Se connecter**.

Une fois que la connexion est établie, vous pouvez vérifier que votre trafic est correctement acheminé en recherchant votre adresse IP sur Google. Vous devriez voir le texte « Votre adresse IP publique est "Votre IP de serveur VPN" ».

Si une erreur survient lorsque vous essayez de vous connecter, consultez la section 7.2 Dépannage IKEv2.

3.2.1.2 Importer manuellement la configuration

Screencast : importation manuelle de la configuration IKEv2 sous Windows 8/10/11
Regarder sur YouTube : https://youtu.be/-CDnvh58EJM
Screencast : importation manuelle de la configuration IKEv2 sur Windows 7
Regarder sur YouTube : https://youtu.be/UsBWmO-CRC0

Alternativement, les utilisateurs de **Windows 7, 8, 10 et 11+** peuvent importer manuellement la configuration IKEv2 :

1. Transférez en toute sécurité le fichier « .p12 » généré sur votre ordinateur, puis importez-le dans le magasin de certificats.

   Pour importer le fichier « .p12 », exécutez la commande suivante à partir d'une invite de commande avec privilèges élevés :

   ```
   # Importer le fichier .p12 (remplacer par votre propre valeur)
   certutil -f -importpfx "\path\to\your\file.p12" NoExport
   ```

   Remarque : s'il n'y a pas de mot de passe pour les fichiers de configuration client, appuyez sur Entrée pour continuer ou, si vous importez manuellement le fichier « .p12 », laissez le champ de mot de passe vide.

   Alternativement, vous pouvez importer manuellement le fichier .p12 : https://wiki.strongswan.org/projects/strongswan/wiki/Win7Certs/9

   Assurez-vous que le certificat client est placé dans `Personnel → Certificats` et que le certificat CA est placé dans `Autorités de certification racines de confiance → Certificats`.

2. Sur un ordinateur Windows, ajoutez une nouvelle connexion VPN IKEv2.

   Pour **Windows 8, 10 et 11+**, il est recommandé de créer la connexion VPN à l'aide des commandes suivantes à partir d'une invite de commande, pour une sécurité et des performances améliorées.

   ```
   # Créez une connexion VPN (remplacez l'adresse du serveur
   # par votre propre valeur)
   ```

```
powershell -command ^"Add-VpnConnection ^
  -ServerAddress 'Votre IP de serveur VPN (ou nom DNS)' ^
  -Name 'My IKEv2 VPN' -TunnelType IKEv2 ^
  -AuthenticationMethod MachineCertificate ^
  -EncryptionLevel Required -PassThru^"
# Définissez la configuration IPsec
powershell -command ^"Set-VpnConnectionIPsecConfiguration ^
  -ConnectionName 'My IKEv2 VPN' ^
  -AuthenticationTransformConstants GCMAES128 ^
  -CipherTransformConstants GCMAES128 ^
  -EncryptionMethod AES256 ^
  -IntegrityCheckMethod SHA256 -PfsGroup None ^
  -DHGroup Group14 -PassThru -Force^"
```

Windows 7 ne prend pas en charge ces commandes, vous pouvez créer manuellement la connexion VPN : https://wiki.strongswan.org/projects/strongswan/wiki/Win7Config/8

Remarque : l'adresse du serveur que vous spécifiez doit **correspondre exactement** à l'adresse du serveur dans la sortie du script d'assistance IKEv2. Par exemple, si vous avez spécifié le nom DNS du serveur lors de la configuration d'IKEv2, vous devez saisir ce nom DNS dans le champ **Adresse Internet**.

3. **Cette étape est obligatoire si vous avez créé manuellement la connexion VPN.**

   Activez des chiffrements plus puissants pour IKEv2 avec une modification ponctuelle du registre. Exécutez la commande suivante à partir d'une invite de commande avec privilèges élevés.

   - Pour Windows 7, 8, 10 et 11+

```
REG ADD HKLM\SYSTEM\CurrentControlSet\Services\RasMan\Parameters ^
 /v NegotiateDH2048_AES256 /t REG_DWORD /d 0x1 /f
```

Pour vous connecter au VPN : cliquez sur l'icône sans fil/réseau dans la barre d'état système, sélectionnez la nouvelle entrée VPN et cliquez sur **Connecter**. Une fois que la connexion est établie, vous pouvez vérifier que votre trafic est correctement acheminé en recherchant votre adresse IP sur Google. Vous devriez voir le texte « Votre adresse IP publique est "Votre IP de serveur VPN" ».

Si une erreur survient lorsque vous essayez de vous connecter, consultez la section 7.2 Dépannage IKEv2.

▼ Supprimer la connexion VPN IKEv2.

En suivant les étapes suivantes, vous pouvez supprimer la connexion VPN et éventuellement restaurer l'ordinateur à son état avant l'importation de la configuration IKEv2.

1. Supprimez la connexion VPN ajoutée dans Paramètres Windows → Réseau et Internet → VPN. Les utilisateurs de Windows 7 peuvent supprimer la connexion VPN dans Centre Réseau et partage → Modifier les paramètres de la carte.

2. (Facultatif) Supprimez les certificats IKEv2.

    1. Appuyez sur les touches Windows + R et saisissez `mmc` ou recherchez `mmc` dans le menu Démarrer. Ouvrez *Microsoft Management Console*.

    2. Ouvrez `Fichier → Ajouter/Supprimer un composant logiciel enfichable`. Sélectionnez `Certificats` pour ajouter des certificats et, dans la fenêtre qui s'ouvre, sélectionnez `Un compte d'ordinateur → L'ordinateur local`. Cliquez sur `Terminer → OK` pour enregistrer les paramètres.

    3. Accédez à `Personnel → Certificats` et supprimez le certificat client IKEv2. Le nom du certificat est le même que le nom du client IKEv2 que vous avez spécifié (par défaut : `vpnclient`). Le certificat a été émis par `IKEv2 VPN CA`.

    4. Accédez à `Autorités de certification racines de confiance → Certificats` et supprimez le certificat IKEv2 VPN CA. Le certificat a été émis à `IKEv2 VPN CA` par `IKEv2 VPN CA`. Avant de le supprimer, assurez-vous qu'il n'existe aucun autre certificat émis par `IKEv2 VPN CA` dans `Personnels → Certificats`.

3. (Facultatif. Pour les utilisateurs ayant créé manuellement la connexion VPN) Restaurez les paramètres du registre. Notez que vous devez sauvegarder le registre avant de le modifier.

    1. Appuyez sur Win+R ou recherchez « regedit » dans le menu Démarrer. Ouvrez l'Éditeur du Registre.

    2. Allez à : `HKEY_LOCAL_MACHINE\System\CurrentControlSet\Services\Rasman\Parameters` et supprimez l'élément portant le nom `NegotiateDH2048_AES256`, s'il existe.

3.2.2 macOS

Screencast : importer la configuration IKEv2 et se connecter sur macOS
Regarder sur YouTube : https://youtu.be/E2IZMUtR7kU

Tout d'abord, transférez en toute sécurité le fichier « .mobileconfig » généré sur votre Mac, puis double-cliquez et suivez les instructions pour l'importer en tant que profil macOS. Si votre Mac exécute macOS Big Sur ou une version plus récente, ouvrez les Réglages Système et accédez à la section Profils pour terminer l'importation. Pour macOS Ventura et les versions plus récentes, ouvrez les Réglages Système et recherchez Profils. Une fois terminé, vérifiez que « IKEv2 VPN » est répertorié sous Réglages Système → Profils.

Pour vous connecter au VPN :

1. Ouvrez les Réglages Système et accédez à la section Réseau.
2. Sélectionnez la connexion VPN avec « Votre IP de serveur VPN » (ou nom DNS).
3. Cochez la case **Afficher l'état VPN dans la barre des menus**. Pour macOS Ventura et les versions plus récentes, ce paramètre peut être configuré dans la section Réglages Système → Centre de contrôle → Barre des menus uniquement.
4. Cliquez sur **Connecter** ou faites glisser le commutateur VPN sur ON.

(Fonctionnalité facultative) Activez **VPN On Demand** pour démarrer automatiquement une connexion VPN lorsque votre Mac est connecté au Wi-Fi. Pour l'activer, cochez la case **Connexion à la demande** pour la connexion VPN, puis cliquez sur **Appliquer**. Pour trouver ce paramètre sur macOS Ventura et les versions plus récentes, cliquez sur l'icône « i » à droite de la connexion VPN.

Vous pouvez personnaliser les règles VPN à la demande pour exclure certains réseaux Wi-Fi, tels que votre réseau domestique. Consultez le chapitre 4 pour plus de détails.

Une fois que la connexion est établie, vous pouvez vérifier que votre trafic est correctement acheminé en recherchant votre adresse IP sur Google. Vous devriez voir le texte « Votre adresse IP publique est "Votre IP de serveur VPN" ».

Si une erreur survient lorsque vous essayez de vous connecter, consultez la section 7.2 Dépannage IKEv2.

▼ Supprimer la connexion VPN IKEv2.

Pour supprimer la connexion VPN IKEv2, ouvrez Réglages Système → Profils et supprimez le profil VPN IKEv2 que vous avez ajouté.

3.2.3 iOS

Screencast : importer la configuration IKEv2 et se connecter sur iOS (iPhone et iPad)
Regarder sur YouTube : https://youtube.com/shorts/Y5HuX7jk_Kc

Tout d'abord, transférez en toute sécurité le fichier « .mobileconfig » généré sur votre appareil iOS, puis importez-le en tant que profil iOS. Pour transférer le fichier, vous pouvez :

1. Utiliser AirDrop, ou
2. Le télécharger sur votre appareil (n'importe quel dossier d'application) à l'aide de partager des fichiers (https://support.apple.com/fr-fr/119585), puis ouvrir l'application « Fichiers » sur votre appareil iOS et déplacer le fichier téléchargé vers le dossier « Sur mon iPhone ». Après cela, vous

pouvez appuyer sur le fichier et accéder à l'application « Réglages » pour l'importer, ou
3. Héberger le fichier sur un site Web sécurisé, puis le télécharger et l'importer dans Mobile Safari.

Une fois terminé, vérifiez que « IKEv2 VPN » est répertorié sous Réglages → Général → VPN et gestion de l'appareil ou Profil(s).

Pour vous connecter au VPN :

1. Accédez à Réglages → VPN. Sélectionnez la connexion VPN avec « Votre IP de serveur VPN » (ou nom DNS).
2. Faites glisser le commutateur **VPN** sur ON.

(Fonctionnalité facultative) Activez **VPN On Demand** pour démarrer automatiquement une connexion VPN lorsque votre appareil iOS est en Wi-Fi. Pour l'activer, appuyez sur l'icône « i » à droite de la connexion VPN et activez **À la demande**.

Vous pouvez personnaliser les règles VPN à la demande pour exclure certains réseaux Wi-Fi tels que votre réseau domestique, ou pour démarrer la connexion VPN sur les réseaux Wi-Fi et cellulaires. Consultez le chapitre 4 pour plus de détails.

Une fois que la connexion est établie, vous pouvez vérifier que votre trafic est correctement acheminé en recherchant votre adresse IP sur Google. Vous devriez voir le texte « Votre adresse IP publique est "Votre IP de serveur VPN" ».

Si une erreur survient lorsque vous essayez de vous connecter, consultez la section 7.2 Dépannage IKEv2.

▼ Supprimer la connexion VPN IKEv2.

Pour supprimer la connexion VPN IKEv2, ouvrez Réglages → Général → VPN et gestion de l'appareil ou Profil(s) et supprimez le profil VPN IKEv2 que vous avez ajouté.

3.2.4 Android

3.2.4.1 Utilisation du client VPN strongSwan

Screencast : connexion à l'aide du client VPN strongSwan Android
Regarder sur YouTube : https://youtu.be/i6j1N_7cI-w

Les utilisateurs d'Android peuvent se connecter à l'aide du client VPN strongSwan (recommandé).

1. Transférez en toute sécurité le fichier « .sswan » généré sur votre appareil Android.
2. Installez strongSwan VPN client depuis **Google Play**.
3. Lancez le strongSwan VPN client.
4. Appuyez sur le menu « Plus d'options » en haut à droite, puis appuyez sur **Import VPN profile**.
5. Choisissez le fichier « .sswan » que vous avez transféré depuis le serveur VPN.
   Remarque : pour trouver le fichier « .sswan » , appuyez sur le bouton de menu à trois lignes, puis accédez à l'emplacement où vous avez enregistré le fichier.
6. Sur l'écran « Import VPN profile », appuyez sur **Import certificate from VPN profile** et suivez les instructions.
7. Sur l'écran « Choisir un certificat », sélectionnez le nouveau certificat client, puis appuyez sur **Choisir**.
8. Appuyez sur **Import**.
9. Appuyez sur le nouveau profil VPN pour vous connecter.

(Fonctionnalité facultative) Vous pouvez choisir d'activer la fonction « VPN permanent » sur Android. Lancez l'application **Paramètres**, accédez à Réseau et Internet → VPN, cliquez sur l'icône d'engrenage à droite de « strongSwan VPN client », puis activez les options **VPN permanent** et **Bloquer les connexions sans VPN**.

Une fois que la connexion est établie, vous pouvez vérifier que votre trafic est correctement acheminé en recherchant votre adresse IP sur Google. Vous devriez voir le texte « Votre adresse IP publique est "Votre IP de serveur VPN" ».

Si une erreur survient lorsque vous essayez de vous connecter, consultez la section 7.2 Dépannage IKEv2.

Remarque : si votre appareil exécute Android 6.0 (Marshmallow) ou une version antérieure, pour vous connecter à l'aide du client VPN strongSwan, vous devez effectuer la modification suivante sur le serveur VPN : modifiez le fichier « /etc/ipsec.d/ikev2.conf » sur le serveur. Ajoutez « authby=rsa-sha1 » à la fin de la section « conn ikev2-cp », en indentant le fichier de deux espaces. Enregistrez le fichier et exécutez « service ipsec restart ».

3.2.4.2 Utilisation du client IKEv2 natif

Screencast : connexion à l'aide du client VPN natif sur Android 11+
Regarder sur YouTube : https://youtu.be/Cai6k4GgkEE

Les utilisateurs d'Android 11+ peuvent également se connecter à l'aide du client IKEv2 natif.

1. Transférez en toute sécurité le fichier « .p12 » généré sur votre appareil Android.
2. Lancez l'application **Paramètres**.
3. Allez dans Sécurité → Chiffrement et identifiants.
4. Appuyez sur **Installer un certificat**.
5. Appuyez sur **Certificat utilisateur VPN et application**.
6. Choisissez le fichier « .p12 » que vous avez transféré depuis le serveur VPN.
   Remarque : pour trouver le fichier « .p12 », appuyez sur le bouton de menu à trois lignes, puis accédez à l'emplacement où vous avez enregistré le fichier.
7. Saisissez un nom pour le certificat, puis appuyez sur **OK**.
8. Allez dans Paramètres → Réseau et Internet → VPN, puis appuyez sur le bouton « + ».
9. Saisissez un nom pour le profil VPN.
10. Sélectionnez **IKEv2/IPSec RSA** dans le menu déroulant **Type**.
11. Saisissez « Votre IP de serveur VPN » (ou le nom DNS) pour le **Adresse du serveur**.
    Remarque : cela doit **correspondre exactement** à l'adresse du serveur dans la sortie du script d'assistance IKEv2.

12. Saisissez le nom de votre choix pour le **Identifiant IPSec**.
    Remarque : ce champ ne devrait pas être obligatoire. Il s'agit d'un bug dans Android.
13. Sélectionnez le certificat que vous avez importé dans le menu déroulant **Certificat utilisateur IPSec**.
14. Sélectionnez le certificat que vous avez importé dans le menu déroulant **Certificat CA IPSec**.
15. Sélectionnez **(certificat reçu du serveur)** dans le menu déroulant **Certificat de serveur IPSec**.
16. Appuyez sur **Enregistrer**. Appuyez ensuite sur la nouvelle connexion VPN et appuyez sur **Connecter**.

Une fois que la connexion est établie, vous pouvez vérifier que votre trafic est correctement acheminé en recherchant votre adresse IP sur Google. Vous devriez voir le texte « Votre adresse IP publique est "Votre IP de serveur VPN" ».

Si une erreur survient lorsque vous essayez de vous connecter, consultez la section 7.2 Dépannage IKEv2.

3.2.5 Chrome OS

Tout d'abord, sur votre serveur VPN, exportez le certificat CA sous le nom « ca.cer » :

```
sudo certutil -L -d sql:/etc/ipsec.d \
  -n "IKEv2 VPN CA" -a -o ca.cer
```

Transférez en toute sécurité les fichiers « .p12 » et « ca.cer » générés sur votre appareil Chrome OS.

Installer les certificats utilisateur et CA :

1. Ouvrez un nouvel onglet dans Google Chrome.
2. Dans la barre d'adresse, saisissez : **chrome://settings/certificates**
3. **(Important)** Cliquez sur **Importer et lier**, et non sur **Importer**.
4. Dans la boîte qui s'ouvre, choisissez le fichier « .p12 » que vous avez transféré depuis le serveur VPN et sélectionnez **Ouvrir**.

5. Cliquez sur **OK** si le certificat n'a pas de mot de passe. Sinon, saisissez le mot de passe du certificat.
6. Cliquez sur l'onglet **Autorités**. Cliquez ensuite sur **Importer**.
7. Dans la boîte qui s'ouvre, sélectionnez **Tous les fichiers** dans le menu déroulant en bas à gauche.
8. Choisissez le fichier « ca.cer » que vous avez transféré depuis le serveur VPN et sélectionnez **Ouvrir**.
9. Conservez les options par défaut et cliquez sur **OK**.

Ajouter une nouvelle connexion VPN :

1. Accédez à Paramètres → Réseau.
2. Cliquez sur **Ajouter une connexion**, puis sur **Ajouter le VPN intégré**.
3. Saisissez le nom de votre choix pour le **Nom du service**.
4. Sélectionnez **IPsec (IKEv2)** dans le menu déroulant **Type de fournisseur**.
5. Saisissez « Votre IP de serveur VPN » (ou le nom DNS) pour le **Nom d'hôte du serveur**.
6. Sélectionnez **Certificat utilisateur** dans le menu déroulant **Type d'authentification**.
7. Sélectionnez **IKEv2 VPN CA [IKEv2 VPN CA]** dans le menu déroulant **Certificat de l'autorité de certification du serveur**.
8. Sélectionnez **IKEv2 VPN CA [nom du client]** dans le menu déroulant **Certificat utilisateur**.
9. Laissez les autres champs vides.
10. Activez **Enregistrer le nom d'utilisateur et le mot de passe**.
11. Cliquez sur **Connexion**.

Lorsque la connexion aura été établie, vous verrez une icône VPN superposée sur l'icône d'état du réseau. Vous pouvez vérifier que votre trafic est correctement acheminé en recherchant votre adresse IP sur Google. Vous devriez voir le texte « Votre adresse IP publique est "Votre IP de serveur VPN" ».

(Fonctionnalité facultative) Vous pouvez choisir d'activer la fonctionnalité « VPN permanent » sur Chrome OS. Pour gérer ce paramètre, accédez à Paramètres → Réseau, puis cliquez sur **VPN**.

Si une erreur survient lorsque vous essayez de vous connecter, consultez la section 7.2 Dépannage IKEv2.

3.2.6 Linux

Avant de configurer les clients VPN Linux, vous devez effectuer la modification suivante sur le serveur VPN : modifiez le fichier `/etc/ipsec.d/ikev2.conf` sur le serveur. Ajoutez `authby=rsa-sha1` à la fin de la section `conn ikev2-cp`, en indentant de deux espaces. Enregistrez le fichier et exécutez `service ipsec restart`.

Pour configurer votre ordinateur Linux pour se connecter à IKEv2 en tant que client VPN, installez d'abord le plugin strongSwan pour NetworkManager :

```
# Ubuntu et Debian
sudo apt-get update
sudo apt-get install network-manager-strongswan

# Arch Linux
sudo pacman -Syu  # mettre à jour tous les packages
sudo pacman -S networkmanager-strongswan

# Fedora
sudo yum install NetworkManager-strongswan-gnome

# CentOS
sudo yum install epel-release
sudo yum --enablerepo=epel install NetworkManager-strongswan-gnome
```

Ensuite, transférez en toute sécurité le fichier « .p12 » généré depuis le serveur VPN vers votre ordinateur Linux. Ensuite, extrayez le certificat CA, le certificat client et la clé privée. Remplacez « vpnclient.p12 » dans l'exemple ci-dessous par le nom de votre fichier « .p12 ».

```
# Exemple : extraire le certificat CA, le certificat client
#           et la clé privée. Vous pouvez supprimer le fichier
#           .p12 une fois terminé.
# Remarque : vous devrez peut-être saisir le mot de passe
```

```
#             d'importation, qui se trouve dans la sortie
#             du script d'aide IKEv2. Si la sortie ne contient
#             pas de mot de passe d'importation, appuyez sur
#             Entrée pour continuer.
# Remarque : si vous utilisez OpenSSL 3.x (exécutez
#             « openssl version » pour vérifier), ajoutez
#             « -legacy » aux 3 commandes ci-dessous.
openssl pkcs12 -in vpnclient.p12 -cacerts -nokeys -out ca.cer
openssl pkcs12 -in vpnclient.p12 -clcerts -nokeys -out client.cer
openssl pkcs12 -in vpnclient.p12 -nocerts -nodes  -out client.key
rm vpnclient.p12

# (Important) Protégez les fichiers de certificats
#              et de clés privées
# Remarque : cette étape est facultative, mais fortement
#             recommandée.
sudo chown root:root ca.cer client.cer client.key
sudo chmod 600 ca.cer client.cer client.key
```

Vous pouvez ensuite configurer et activer la connexion VPN :

1. Allez dans Paramètres → Réseau → VPN. Cliquez sur le bouton +.
2. Sélectionnez **IPsec/IKEv2 (strongswan)**.
3. Saisissez ce que vous souhaitez dans le champ **Nom**.
4. Dans la section **Passerelle (Serveur)**, saisissez « Votre IP de serveur VPN » (ou le nom DNS) pour l'**Adresse**.
5. Sélectionnez le fichier « ca.cer » pour le **Certificat**.
6. Dans la section **Client**, sélectionnez **Certificat (/clé privée)** dans le menu déroulant **Authentification**.
7. Sélectionnez **Certificat/clé privée** dans le menu déroulant **Certificat** (s'il existe).
8. Sélectionnez le fichier `client.cer` pour le **Certificat (fichier)**.
9. Sélectionnez le fichier « client.key » pour la **clé privée**.
10. Dans la section **Options**, cochez la case **Demander une adresse IP interne**.
11. Dans la section **Propositions de chiffrement (algorithmes)**, cochez la case **Activer les propositions personnalisées**.
12. Laissez le champ **IKE** vide.

13. Saisissez « aes128gcm16 » dans le champ **ESP**.
14. Cliquez sur **Ajouter** pour enregistrer les informations de connexion VPN.
15. Activez le commutateur **VPN**.

Vous pouvez également vous connecter à l'aide de la ligne de commande. Consultez les liens suivants pour obtenir des exemples d'étapes :
https://github.com/hwdsl2/setup-ipsec-vpn/issues/1399
https://github.com/hwdsl2/setup-ipsec-vpn/issues/1007

Si vous rencontrez l'erreur « Impossible de trouver la connexion source », modifiez « /etc/netplan/01-netcfg.yaml » et remplacez « renderer: networkd » par « renderer: NetworkManager », puis exécutez « sudo netplan apply ». Pour vous connecter au VPN, exécutez « sudo nmcli c up VPN ». Pour vous déconnecter : « sudo nmcli c down VPN ».

Une fois que la connexion est établie, vous pouvez vérifier que votre trafic est correctement acheminé en recherchant votre adresse IP sur Google. Vous devriez voir le texte « Votre adresse IP publique est "Votre IP de serveur VPN" ».

Si une erreur survient lorsque vous essayez de vous connecter, consultez la section 7.2 Dépannage IKEv2.

3.2.7 MikroTik RouterOS

Les utilisateurs avancés peuvent configurer le VPN IKEv2 sur MikroTik RouterOS. Reportez-vous à la section « RouterOS » du guide IKEv2 pour plus de détails :
https://github.com/hwdsl2/setup-ipsec-vpn/blob/master/docs/ikev2-howto.md#routeros

3.3 Gérer les clients IKEv2

Après avoir configuré le serveur VPN, vous pouvez gérer les clients VPN IKEv2 en suivant les instructions de cette section. Par exemple, vous pouvez ajouter de nouveaux clients IKEv2 sur le serveur pour vos ordinateurs et appareils mobiles supplémentaires, répertorier les clients existants ou exporter la configuration d'un client existant.

Pour gérer les clients IKEv2, connectez-vous d'abord à votre serveur VPN via SSH, puis exécutez :

```
sudo ikev2.sh
```

Vous verrez les options suivantes :

```
IKEv2 is already set up on this server.

Select an option:
  1) Add a new client
  2) Export config for an existing client
  3) List existing clients
  4) Revoke an existing client
  5) Delete an existing client
  6) Remove IKEv2
  7) Exit
```

Vous pouvez ensuite saisir l'option souhaitée pour gérer les clients IKEv2.

Remarque : ces options peuvent changer dans les versions plus récentes du script. Lisez attentivement avant de sélectionner l'option souhaitée.

Vous pouvez également exécuter `ikev2.sh` avec les options de ligne de commande. Voir ci-dessous pour plus de détails.

3.3.1 Ajouter un nouveau client

Pour ajouter un nouveau client IKEv2 :

1. Sélectionnez l'option 1 dans le menu, en tapant 1 et en appuyant sur Entrée.
2. Donnez un nom au nouveau client.
3. Spécifiez la période de validité du nouveau certificat client.

Vous pouvez également exécuter « ikev2.sh » avec l'option « --addclient ». Utilisez l'option « -h » pour afficher l'utilisation.

```
sudo ikev2.sh --addclient [nom du client]
```

Étapes suivantes : configurer les clients VPN IKEv2. Voir la section 3.2 pour plus de détails.

3.3.2 Exporter un client existant

Pour exporter la configuration IKEv2 d'un client existant :

1. Sélectionnez l'option 2 dans le menu, en tapant 2 et en appuyant sur Entrée.
2. Dans la liste des clients existants, saisissez le nom du client que vous souhaitez exporter.

Vous pouvez également exécuter « ikev2.sh » avec l'option « --exportclient ».

```
sudo ikev2.sh --exportclient [nom du client]
```

3.3.3 Faire la liste des clients existants

Sélectionnez l'option 3 dans le menu, en tapant 3 et en appuyant sur Entrée. Le script affichera alors une liste des clients IKEv2 existants.

Vous pouvez également exécuter « ikev2.sh » avec l'option « --listclients ».

```
sudo ikev2.sh --listclients
```

3.3.4 Révoquer un client

Dans certaines circonstances, vous devrez peut-être résilier un certificat client IKEv2 précédemment généré.

1. Sélectionnez l'option 4 dans le menu, en tapant 4 et en appuyant sur Entrée.
2. Dans la liste des clients existants, saisissez le nom du client que vous souhaitez révoquer.
3. Confirmez la révocation du client.

Vous pouvez également exécuter « ikev2.sh » avec l'option « --revokeclient ».

```
sudo ikev2.sh --revokeclient [nom du client]
```

3.3.5 Supprimer un client

Important : la suppression d'un certificat client de la base de données IPsec **n'empêchera pas** les clients VPN de se connecter à l'aide de ce certificat ! Pour ce cas d'utilisation, vous **devez** révoquer le certificat client au lieu de le supprimer.

Attention : le certificat client et la clé privée seront **supprimés définitivement**. Cette opération **ne peut pas être annulée** !

Pour supprimer un client IKEv2 existant :

1. Sélectionnez l'option 5 dans le menu, en tapant 5 et en appuyant sur Entrée.
2. Dans la liste des clients existants, saisissez le nom du client que vous souhaitez supprimer.
3. Confirmez la suppression du client.

Vous pouvez également exécuter « ikev2.sh » avec l'option « --deleteclient ».

```
sudo ikev2.sh --deleteclient [nom du client]
```

▼ Vous pouvez également supprimer manuellement un certificat client.

1. Lister les certificats dans la base de données IPsec :

   ```
   certutil -L -d sql:/etc/ipsec.d
   ```

   Exemple de sortie :

   ```
   Certificate Nickname  Trust Attributes
                         SSL,S/MIME,JAR/XPI

   IKEv2 VPN CA          CTu,u,u
   ($PUBLIC_IP)          u,u,u
   vpnclient             u,u,u
   ```

2. Supprimez le certificat client et la clé privée. Remplacez « Nickname » ci-dessous par le surnom du certificat client que vous souhaitez supprimer, par exemple `vpnclient`.

```
certutil -F -d sql:/etc/ipsec.d -n "Nickname"
certutil -D -d sql:/etc/ipsec.d -n "Nickname" 2>/dev/null
```

3. (Facultatif) Supprimez les fichiers de configuration client précédemment générés (fichiers `.p12`, `.mobileconfig` et `.sswan`) pour ce client VPN, le cas échéant.

3.4 Modifier l'adresse du serveur IKEv2

Dans certaines circonstances, vous devrez peut-être modifier l'adresse du serveur IKEv2 après la configuration. Par exemple, pour passer à l'utilisation d'un nom DNS ou après des modifications de l'adresse IP du serveur. Notez que l'adresse du serveur que vous spécifiez sur les périphériques clients VPN doit **correspondre exactement** à l'adresse du serveur dans la sortie du script d'assistance IKEv2. Dans le cas contraire, les périphériques risquent de ne pas pouvoir se connecter.

Pour modifier l'adresse du serveur, exécutez le script d'aide et suivez les instructions.

```
wget https://get.vpnsetup.net/ikev2addr -O ikev2addr.sh
sudo bash ikev2addr.sh
```

Important : après avoir exécuté ce script, vous devez mettre à jour manuellement l'adresse du serveur (et l'ID distant, le cas échéant) sur tous les périphériques clients IKEv2 existants. Pour les clients iOS, vous devez exécuter « sudo ikev2.sh » pour exporter le fichier de configuration client mis à jour et l'importer sur le périphérique iOS.

3.5 Mettre à jour le script d'aide IKEv2

Le script d'aide IKEv2 est mis à jour de temps à autre pour corriger des bugs et apporter des améliorations. Consultez le lien suivant pour accéder au journal des validations :
https://github.com/hwdsl2/setup-ipsec-vpn/commits/master/extras/ikev2setup.sh

Lorsqu'une version plus récente est disponible, vous pouvez éventuellement mettre à jour le script d'aide IKEv2 sur votre serveur. Notez que ces commandes écraseront tout « ikev2.sh » existant.

```
wget https://get.vpnsetup.net/ikev2 -O /opt/src/ikev2.sh
chmod +x /opt/src/ikev2.sh \
  && ln -s /opt/src/ikev2.sh /usr/bin 2>/dev/null
```

3.6 Configurer IKEv2 à l'aide d'un script d'aide

Remarque : par défaut, IKEv2 est automatiquement configuré lors de l'exécution du script de configuration VPN. Vous pouvez ignorer cette section et passer à la section 3.2 Configurer les clients VPN IKEv2.

Important : avant de continuer, vous devez avoir configuré avec succès votre propre serveur VPN. Si vous utilisez Docker, consultez la section 11.9 Configurer et utiliser le VPN IKEv2.

Utilisez ce script d'aide pour configurer automatiquement IKEv2 sur le serveur VPN :

```
# Configurer IKEv2 à l'aide des options par défaut
sudo ikev2.sh --auto
# Alternativement, vous pouvez personnaliser les options IKEv2
sudo ikev2.sh
```

Remarque : si IKEv2 est déjà configuré, mais que vous souhaitez personnaliser les options IKEv2, supprimez d'abord IKEv2, puis configurez-le à nouveau à l'aide de « sudo ikev2.sh ».

Une fois terminé, passez à la section 3.2 Configurer les clients VPN IKEv2. Les utilisateurs avancés peuvent éventuellement activer le mode IKEv2 uniquement. Voir la section 8.3 pour plus de détails.

▼ Vous pouvez éventuellement spécifier un nom DNS, un nom de client et/ou des serveurs DNS personnalisés.

Lors de l'exécution de la configuration IKEv2 en mode automatique, les utilisateurs avancés peuvent éventuellement spécifier un nom DNS pour l'adresse du serveur IKEv2. Le nom DNS doit être un nom de domaine complet (FQDN). Exemple :

```
sudo VPN_DNS_NAME='vpn.example.com' ikev2.sh --auto
```

De même, vous pouvez spécifier un nom pour le premier client IKEv2. La valeur par défaut est `vpnclient` si elle n'est pas spécifiée.

```
sudo VPN_CLIENT_NAME='your_client_name' ikev2.sh --auto
```

Par défaut, les clients IKEv2 sont configurés pour utiliser Google Public DNS lorsque le VPN est actif. Vous pouvez spécifier un ou plusieurs serveurs DNS personnalisés pour IKEv2. Exemple :

```
sudo VPN_DNS_SRV1=1.1.1.1 VPN_DNS_SRV2=1.0.0.1 ikev2.sh --auto
```

Par défaut, aucun mot de passe n'est requis lors de l'importation de la configuration client IKEv2. Vous pouvez choisir de protéger les fichiers de configuration client à l'aide d'un mot de passe aléatoire.

```
sudo VPN_PROTECT_CONFIG=yes ikev2.sh --auto
```

Pour afficher les informations d'utilisation du script IKEv2, exécutez `sudo ikev2.sh -h` sur votre serveur.

3.7 Configurer manuellement IKEv2

En alternative à l'utilisation du script d'aide, les utilisateurs avancés peuvent configurer manuellement IKEv2 sur le serveur VPN. Avant de continuer, il est recommandé de mettre à jour Libreswan vers la dernière version (voir section 2.7).

Afficher des exemples d'étapes pour la configuration manuelle d'IKEv2 : https://github.com/hwdsl2/setup-ipsec-vpn/blob/master/docs/ikev2-howto.md#manually-set-up-ikev2

3.8 Supprimer IKEv2

Si vous souhaitez supprimer IKEv2 du serveur VPN, mais conserver les modes IPsec/L2TP et IPsec/XAuth (« Cisco IPsec ») (s'ils sont installés), exécutez le script d'aide. **Avertissement :** toute la configuration IKEv2, y compris les certificats et les clés, sera **définitivement supprimée**. Cette opération **ne peut pas être annulée** !

```
sudo ikev2.sh --removeikev2
```

Après avoir supprimé IKEv2, si vous souhaitez le configurer à nouveau, reportez-vous à la section 3.6 Configurer IKEv2 à l'aide d'un script d'aide.

▼ Alternativement, vous pouvez supprimer manuellement IKEv2.

Pour supprimer manuellement IKEv2 du serveur VPN, tout en conservant les modes IPsec/L2TP et IPsec/XAuth (« Cisco IPsec »), procédez comme suit. Les commandes doivent être exécutées en tant que « root ».

Attention : toutes les configurations IKEv2, y compris les certificats et les clés, seront **supprimées définitivement**. Cette opération **ne peut pas être annulée** !

1. Renommez (ou supprimez) le fichier de configuration IKEv2 :

   ```
   mv /etc/ipsec.d/ikev2.conf /etc/ipsec.d/ikev2.conf.bak
   ```

2. **(Important) Redémarrez le service IPsec** :

   ```
   service ipsec restart
   ```

3. Lister les certificats dans la base de données IPsec :

   ```
   certutil -L -d sql:/etc/ipsec.d
   ```

   Exemple de sortie :

   ```
   Certificate Nickname  Trust Attributes
                         SSL,S/MIME,JAR/XPI

   IKEv2 VPN CA          CTu,u,u
   ($PUBLIC_IP)          u,u,u
   vpnclient             u,u,u
   ```

4. Supprimez la liste de révocation de certificats (CRL), le cas échéant :

   ```
   crlutil -D -d sql:/etc/ipsec.d -n "IKEv2 VPN CA" 2>/dev/null
   ```

5. Supprimez les certificats et les clés. Remplacez « Nickname » ci-dessous par le pseudo de chaque certificat. Répétez ces commandes pour chaque certificat. Une fois terminé, répertoriez à nouveau les certificats dans la base de données IPsec et confirmez que la liste est vide.

```
certutil -F -d sql:/etc/ipsec.d -n "Nickname"
certutil -D -d sql:/etc/ipsec.d -n "Nickname" 2>/dev/null
```

4 Guide : personnaliser les règles VPN à la demande IKEv2 pour macOS et iOS

4.1 Introduction

VPN On Demand est une fonctionnalité optionnelle sur macOS et iOS (iPhone/iPad). Elle permet à l'appareil de démarrer ou d'arrêter automatiquement une connexion VPN IKEv2 en fonction de divers critères. Reportez-vous à la section 3.2 Configurer les clients VPN IKEv2.

Par défaut, les règles VPN à la demande créées par le script IKEv2 démarrent automatiquement une connexion VPN lorsque l'appareil est connecté au Wi-Fi (avec détection de portail captif) et arrêtent la connexion lorsqu'il est connecté au réseau cellulaire. Vous pouvez personnaliser ces règles pour exclure certains réseaux Wi-Fi tels que votre réseau domestique, ou pour démarrer la connexion VPN à la fois sur le Wi-Fi et sur le réseau cellulaire.

4.2 Personnaliser les règles VPN à la demande

Pour personnaliser les règles VPN On Demand pour tous les nouveaux clients IKEv2, modifiez **/opt/src/ikev2.sh** sur votre serveur VPN et remplacez les règles par défaut par l'un des exemples ci-dessous. Après cela, vous pouvez ajouter de nouveaux clients ou réexporter les configurations des clients existants en exécutant « sudo ikev2.sh ».

Pour personnaliser ces règles pour un client IKEv2 spécifique, modifiez le fichier **.mobileconfig** généré pour ce client. Ensuite, supprimez le profil existant (le cas échéant) du périphérique client VPN et importez le profil mis à jour.

Pour référence, voici les règles par défaut dans le script IKEv2 :

```
<key>OnDemandRules</key>
<array>
  <dict>
    <key>InterfaceTypeMatch</key>
```

```
    <string>WiFi</string>
    <key>URLStringProbe</key>
    <string>http://captive.apple.com/hotspot-detect.html</string>
    <key>Action</key>
    <string>Connect</string>
  </dict>
  <dict>
    <key>InterfaceTypeMatch</key>
    <string>Cellular</string>
    <key>Action</key>
    <string>Disconnect</string>
  </dict>
  <dict>
    <key>Action</key>
    <string>Ignore</string>
  </dict>
</array>
```

Exemple 1 : exclure certains réseaux Wi-Fi du VPN à la demande :

```
<key>OnDemandRules</key>
<array>
  <dict>
    <key>InterfaceTypeMatch</key>
    <string>WiFi</string>
    <key>SSIDMatch</key>
    <array>
      <string>YOUR_WIFI_NETWORK_NAME</string>
    </array>
    <key>Action</key>
    <string>Disconnect</string>
  </dict>
  <dict>
    <key>InterfaceTypeMatch</key>
    <string>WiFi</string>
    <key>URLStringProbe</key>
    <string>http://captive.apple.com/hotspot-detect.html</string>
    <key>Action</key>
```

```
    <string>Connect</string>
  </dict>
  <dict>
    <key>InterfaceTypeMatch</key>
    <string>Cellular</string>
    <key>Action</key>
    <string>Disconnect</string>
  </dict>
  <dict>
    <key>Action</key>
    <string>Ignore</string>
  </dict>
</array>
```

Par rapport aux règles par défaut, cette partie a été ajoutée dans l'exemple :

```
... ...
  <dict>
    <key>InterfaceTypeMatch</key>
    <string>WiFi</string>
    <key>SSIDMatch</key>
    <array>
      <string>YOUR_WIFI_NETWORK_NAME</string>
    </array>
    <key>Action</key>
    <string>Disconnect</string>
  </dict>
... ...
```

Remarque : si vous avez plusieurs réseaux Wi-Fi à exclure, ajoutez des lignes supplémentaires à la section « SSIDMatch » ci-dessus. Par exemple :

```
<array>
  <string>YOUR_WIFI_NETWORK_NAME_1</string>
  <string>YOUR_WIFI_NETWORK_NAME_2</string>
</array>
```

Exemple 2 : démarrez également la connexion VPN sur le réseau cellulaire, en plus du Wi-Fi :

```
<key>OnDemandRules</key>
<array>
  <dict>
    <key>InterfaceTypeMatch</key>
    <string>WiFi</string>
    <key>URLStringProbe</key>
    <string>http://captive.apple.com/hotspot-detect.html</string>
    <key>Action</key>
    <string>Connect</string>
  </dict>
  <dict>
    <key>InterfaceTypeMatch</key>
    <string>Cellular</string>
    <key>Action</key>
    <string>Connect</string>
  </dict>
  <dict>
    <key>Action</key>
    <string>Ignore</string>
  </dict>
</array>
```

Par rapport aux règles par défaut, cette partie a changé dans cet exemple :

```
... ...
  <dict>
    <key>InterfaceTypeMatch</key>
    <string>Cellular</string>
    <key>Action</key>
    <string>Connect</string>
  </dict>
... ...
```

Pour en savoir plus sur les règles VPN à la demande, consultez la documentation Apple :
https://developer.apple.com/documentation/devicemanagement/vpn/vpn/ondemandruleselement

5 Configurer les clients VPN IPsec/L2TP

Après avoir configuré votre propre serveur VPN, suivez ces étapes pour configurer vos appareils. IPsec/L2TP est pris en charge nativement par Android, iOS, macOS et Windows. Aucun logiciel supplémentaire n'est à installer. L'installation ne devrait prendre que quelques minutes. Si vous ne parvenez pas à vous connecter, vérifiez d'abord que les informations d'identification du VPN ont été correctement saisies.

- Plateformes
  - Windows
  - macOS
  - Android
  - iOS (iPhone/iPad)
  - Chrome OS (Chromebook)
  - Linux

5.1 Windows

> Vous pouvez également vous connecter en utilisant le mode IKEv2 (recommandé).

5.1.1 Windows 11+

1. Cliquez avec le bouton droit sur l'icône sans fil/réseau dans la barre d'état système.
2. Sélectionnez **Paramètres réseau et Internet**, puis sur la page qui s'ouvre, cliquez sur **VPN**.
3. Cliquez sur le bouton **Ajouter un VPN**.
4. Sélectionnez **Windows (intégré)** dans le menu déroulant **Fournisseur VPN**.
5. Saisissez ce que vous souhaitez dans le champ **Nom de la connexion**.
6. Saisissez « Votre IP de serveur VPN » dans le champ **Nom ou adresse du serveur**.

7. Sélectionnez **L2TP/IPsec avec clé pré-partagée** dans le menu déroulant **Type de réseau privé virtuel**.
8. Saisissez « Votre VPN IPsec PSK » dans le champ **Clé pré-partagée**.
9. Saisissez « Votre nom d'utilisateur VPN » dans le champ **Nom d'utilisatcur**.
10. Saisissez « Votre mot de passe VPN » dans le champ **Mot de passe**.
11. Cochez la case **Mémoriser mes informations de connexion**.
12. Cliquez sur **Enregistrer** pour enregistrer les détails de la connexion VPN.

Remarque : cette modification de registre unique (voir la section 7.3.1) est requise si le serveur et/ou le client VPN se trouve derrière NAT (par exemple, un routeur domestique).

Pour vous connecter au VPN : cliquez sur le bouton **Connecter** ou cliquez sur l'icône sans fil/réseau dans la barre d'état système, cliquez sur **VPN**, puis sélectionnez la nouvelle entrée VPN et cliquez sur **Se connecter**. Si vous y êtes invité, saisissez « Votre nom d'utilisateur VPN » et « Mot de passe », puis cliquez sur **OK**. Vous pouvez vérifier que votre trafic est correctement acheminé en recherchant votre adresse IP sur Google. Vous devriez voir le texte « Votre adresse IP publique est "Votre IP de serveur VPN" ».

Si une erreur survient lorsque vous essayez de vous connecter, consultez la section 7.3 Dépannage IKEv1.

5.1.2 Windows 10 et 8

1. Cliquez avec le bouton droit sur l'icône sans fil/réseau dans la barre d'état système.
2. Sélectionnez **Ouvrir les paramètres réseau et Internet**, puis sur la page qui s'ouvre, cliquez sur **Centre Réseau et partage**.
3. Cliquez sur **Configurer une nouvelle connexion ou un nouveau réseau**.
4. Sélectionnez **Connexion à votre espace de travail** et cliquez sur **Suivant**.
5. Cliquez sur **Utiliser ma connexion Internet (VPN)**.
6. Saisissez « Votre IP de serveur VPN » dans le champ **Adresse Internet**.

7. Saisissez ce que vous souhaitez dans le champ **Nom de la destination**, puis cliquez sur **Créer**.
8. Revenez au **Centre Réseau et partage**. Sur la gauche, cliquez sur **Modifier les paramètres de la carte**.
9. Cliquez avec le bouton droit sur la nouvelle entrée VPN et choisissez **Propriétés**.
10. Cliquez sur l'onglet **Sécurité**. Sélectionnez « Protocole L2TP (Layer 2 Tunneling Protocol) avec IPsec (L2TP/IPSec) » pour le **Type de réseau VPN**.
11. Cliquez sur **Autoriser ces protocoles**. Cochez les cases « Protocole CHAP (Challenge Handshake Authentication Protocol) » et « Protocole Microsoft CHAP Version 2 (MS-CHAP v2) ».
12. Cliquez sur le bouton **Paramètres avancés**.
13. Sélectionnez **Utiliser une clé prépartagée pour l'authentification** et entrez « Votre VPN IPsec PSK » pour la **Clé**.
14. Cliquez sur **OK** pour fermer les **Paramètres avancés**.
15. Cliquez sur **OK** pour enregistrer les détails de la connexion VPN.

Remarque : cette modification de registre unique (voir la section 7.3.1) est requise si le serveur et/ou le client VPN se trouve derrière NAT (par exemple, un routeur domestique).

Pour vous connecter au VPN : cliquez sur l'icône sans fil/réseau dans la barre d'état système, sélectionnez la nouvelle entrée VPN et cliquez sur **Se connecter**. Si vous y êtes invité, saisissez « Votre nom d'utilisateur VPN » et « Mot de passe », puis cliquez sur **OK**. Vous pouvez vérifier que votre trafic est correctement acheminé en recherchant votre adresse IP sur Google. Vous devriez voir le texte « Votre adresse IP publique est "Votre IP de serveur VPN" ».

Si une erreur survient lorsque vous essayez de vous connecter, consultez la section 7.3 Dépannage IKEv1.

Alternativement, au lieu de suivre les étapes ci-dessus, vous pouvez créer la connexion VPN à l'aide de ces commandes Windows PowerShell. Remplacez « Votre IP de serveur VPN » et « Votre PSK IPsec VPN » par vos propres valeurs, entre guillemets simples :

```
# Désactiver l'historique des commandes persistantes
Set-PSReadlineOption -HistorySaveStyle SaveNothing
# Créez une connexion VPN
Add-VpnConnection -Name 'My IPsec VPN' `
  -ServerAddress 'Votre IP de serveur VPN' `
  -L2tpPsk 'Votre PSK IPsec VPN' -TunnelType L2tp `
  -EncryptionLevel Required `
  -AuthenticationMethod Chap,MSChapv2 -Force `
  -RememberCredential -PassThru
# Ignorer l'avertissement de cryptage des données
# (les données sont cryptées dans le tunnel IPsec)
```

5.1.3 Windows 7, Vista et XP

1. Cliquez sur le menu Démarrer et accédez au Panneau de configuration.
2. Accédez à la section **Réseau et Internet**.
3. Cliquez sur **Centre Réseau et partage**.
4. Cliquez sur **Configurer une nouvelle connexion ou un nouveau réseau**.
5. Sélectionnez **Connexion à votre espace de travail** et cliquez sur **Suivant**.
6. Cliquez sur **Utiliser ma connexion Internet (VPN)**.
7. Saisissez « Votre IP de serveur VPN » dans le champ **Adresse Internet**.
8. Saisissez ce que vous souhaitez dans le champ **Nom de la destination**.
9. Cochez la case **Ne pas me connecter maintenant, mais tout préparer pour une connexion ultérieure**.
10. Cliquez sur **Suivant**.
11. Saisissez « Votre nom d'utilisateur VPN » dans le champ **Nom d'utilisateur**.
12. Saisissez « Votre mot de passe VPN » dans le champ **Mot de passe**.
13. Cochez la case **Mémoriser ce mot de passe**.
14. Cliquez sur **Créer**, puis sur **Fermer**.
15. Revenez au **Centre Réseau et partage**. Sur la gauche, cliquez sur **Modifier les paramètres de la carte**.
16. Cliquez avec le bouton droit sur la nouvelle entrée VPN et choisissez **Propriétés**.

17. Cliquez sur l'onglet **Options** et décochez **Inclure le domaine d'ouverture de session Windows**.
18. Cliquez sur l'onglet **Sécurité**. Sélectionnez « Protocole L2TP (Layer 2 Tunneling Protocol) avec IPsec (L2TP/IPSec) » pour le **Type de réseau VPN**.
19. Cliquez sur **Autoriser ces protocoles**. Cochez les cases « Protocole CHAP (Challenge Handshake Authentication Protocol) » et « Protocole Microsoft CHAP Version 2 (MS-CHAP v2) ».
20. Cliquez sur le bouton **Paramètres avancés**.
21. Sélectionnez **Utiliser une clé prépartagée pour l'authentification** et entrez « Votre VPN IPsec PSK » pour la **Clé**.
22. Cliquez sur **OK** pour fermer les **Paramètres avancés**.
23. Cliquez sur **OK** pour enregistrer les détails de la connexion VPN.

Remarque : cette modification de registre unique (voir la section 7.3.1) est requise si le serveur et/ou le client VPN se trouve derrière NAT (par exemple, un routeur domestique).

Pour vous connecter au VPN : cliquez sur l'icône sans fil/réseau dans la barre d'état système, sélectionnez la nouvelle entrée VPN et cliquez sur **Se connecter**. Si vous y êtes invité, saisissez « Votre nom d'utilisateur VPN » et « Mot de passe », puis cliquez sur **OK**. Vous pouvez vérifier que votre trafic est correctement acheminé en recherchant votre adresse IP sur Google. Vous devriez voir le texte « Votre adresse IP publique est "Votre IP de serveur VPN" ».

Si une erreur survient lorsque vous essayez de vous connecter, consultez la section 7.3 Dépannage IKEv1.

5.2 macOS

5.2.1 macOS 13 (Ventura) et versions ultérieures

> Vous pouvez également vous connecter en utilisant le mode IKEv2 (recommandé) ou IPsec/XAuth.

1. Ouvrez **Réglages Système** et accédez à la section **Réseau**.
2. Cliquez sur **VPN** sur le côté droit de la fenêtre.

3. Cliquez sur le menu déroulant **Ajouter une configuration VPN** et sélectionnez **L2TP via IPSec.**
4. Dans la fenêtre qui s'ouvre, entrez ce que vous souhaitez pour le **Nom affiché**.
5. Laissez **Configuration** sur **Par défaut.**
6. Saisissez « Votre IP de serveur VPN » pour l'**Adresse du serveur**.
7. Saisissez « Votre nom d'utilisateur VPN » pour le **Nom du compte**.
8. Sélectionnez **Mot de passe** dans le menu déroulant **Authentification de l'utilisateur**.
9. Saisissez « Votre mot de passe VPN » pour le **Mot de passe**.
10. Sélectionnez **Secret partagé** dans le menu déroulant **Authentification de la machine**.
11. Saisissez « Votre VPN IPsec PSK » pour le **Secret partagé**.
12. Laissez le champ **Nom du groupe** vide.
13. **(Important)** Cliquez sur l'onglet **Options** et assurez-vous que l'option **Envoyer tout le trafic sur la connexion VPN** est activée.
14. **(Important)** Cliquez sur l'onglet **TCP/IP** et sélectionnez **Lien local uniquement** dans le menu déroulant **Configurer IPv6**.
15. Cliquez sur **Créer** pour enregistrer la configuration VPN.
16. Pour afficher l'état du VPN dans votre barre de menu et accéder aux raccourcis, accédez à la section **Centre de contrôle** des **Réglages Système**. Faites défiler vers le bas et sélectionnez « Afficher dans la barre des menus » dans le menu déroulant **VPN**.

Pour vous connecter au VPN : utilisez l'icône de la barre de menus ou accédez à la section **VPN** des **Réglages Système** et activez le commutateur de configuration de votre VPN. Vous pouvez vérifier que votre trafic est correctement acheminé en recherchant votre adresse IP sur Google. Vous devriez voir le texte « Votre adresse IP publique est "Votre IP de serveur VPN" ».

Si une erreur survient lorsque vous essayez de vous connecter, consultez la section 7.3 Dépannage IKEv1.

5.2.2 macOS 12 (Monterey) et versions antérieures

> Vous pouvez également vous connecter en utilisant le mode IKEv2 (recommandé) ou IPsec/XAuth.

1. Ouvrez les Préférences Système et accédez à la section Réseau.
2. Cliquez sur le bouton + dans le coin inférieur gauche de la fenêtre.
3. Sélectionnez **VPN** dans le menu déroulant **Interface**.
4. Sélectionnez **L2TP via IPSec** dans le menu déroulant **Type de VPN**.
5. Saisissez le nom de votre choix pour le **Nom du service**.
6. Cliquez sur **Créer**.
7. Saisissez « Votre IP de serveur VPN » pour l'**Adresse du serveur**.
8. Saisissez « Votre nom d'utilisateur VPN » pour le **Nom du compte**.
9. Cliquez sur le bouton **Réglages d'authentification**.
10. Dans la section **Authentification de l'utilisateur**, sélectionnez le bouton radio **Mot de passe** et saisissez « Votre mot de passe VPN ».
11. Dans la section **Authentification de la machine**, sélectionnez le bouton radio **Secret partagé** et entrez « Votre VPN IPsec PSK ».
12. Cliquez sur **OK**.
13. Cochez la case **Afficher l'état VPN dans la barre de menus**.
14. **(Important)** Cliquez sur le bouton **Avancé** et assurez-vous que la case **Envoyer tout le trafic sur la connexion VPN** est cochée.
15. **(Important)** Cliquez sur l'onglet **TCP/IP** et assurez-vous que **Lien local uniquement** est sélectionné dans la section **Configurer IPv6**.
16. Cliquez sur **OK** pour fermer les paramètres avancés, puis cliquez sur **Appliquer** pour enregistrer les informations de connexion VPN.

Pour vous connecter au VPN : utilisez l'icône de la barre de menus ou accédez à la section Réseau des Préférences Système, sélectionnez le VPN et choisissez **Connecter**. Vous pouvez vérifier que votre trafic est correctement acheminé en recherchant votre adresse IP sur Google. Vous devriez voir le texte « Votre adresse IP publique est "Votre IP de serveur VPN" ».

Si une erreur survient lorsque vous essayez de vous connecter, consultez la section 7.3 Dépannage IKEv1.

5.3 Android

Important : les utilisateurs d'Android doivent plutôt se connecter en mode IKEv2 (recommandé), qui est plus sécurisé. Voir la section 3.2 pour plus de détails. Android 12+ prend uniquement en charge le mode IKEv2. Le client

VPN natif d'Android utilise le mode moins sécurisé « modp1024 » (groupe DH 2) pour les modes IPsec/L2TP et IPsec/XAuth (« Cisco IPsec »).

Si vous souhaitez toujours vous connecter en mode IPsec/L2TP, vous devez d'abord modifier `/etc/ipsec.conf` sur le serveur VPN. Recherchez la ligne `ike=...` et ajoutez `,aes256-sha2;modp1024,aes128-sha1;modp1024` à la fin. Enregistrez le fichier et exécutez `service ipsec restart`.

Si vous utilisez Docker : ajoutez `VPN_ENABLE_MODP1024=yes` à votre fichier d'environnement, puis recréez le conteneur Docker.

Ensuite, suivez les étapes ci-dessous sur votre appareil Android :

1. Lancez l'application **Paramètres**.
2. Appuyez sur « Réseau et Internet ». Ou, si vous utilisez Android 7 ou une version antérieure, appuyez sur **Plus...** dans la section **Sans fil et réseaux**.
3. Appuyez sur **VPN**.
4. Appuyez sur **Ajouter un profil VPN** ou sur l'icône + en haut à droite de l'écran.
5. Saisissez ce que vous souhaitez dans le champ **Nom**.
6. Sélectionnez **L2TP/IPSec PSK** dans le menu déroulant **Type**.
7. Saisissez « Votre IP de serveur VPN » dans le champ **Adresse du serveur**.
8. Laissez le champ **Secret L2TP** vide.
9. Laissez le champ **Identifiant IPSec** vide.
10. Saisissez « Votre clé VPN IPsec PSK » dans le champ **Clé pré-partagée IPSec**.
11. Appuyez sur **Enregistrer**.
12. Appuyez sur la nouvelle connexion VPN.
13. Saisissez « Votre nom d'utilisateur VPN » dans le champ **Nom d'utilisateur**.
14. Saisissez « Votre mot de passe VPN » dans le champ **Mot de passe**.
15. Cochez la case **Enregistrer les informations de compte**.
16. Appuyez sur **Se connecter**.

Une fois que la connexion est établie, vous verrez une icône VPN dans la barre de notification. Vous pouvez vérifier que votre trafic est correctement acheminé en recherchant votre adresse IP sur Google. Vous devriez voir le texte « Votre adresse IP publique est "Votre IP de serveur VPN" ».

Si une erreur survient lorsque vous essayez de vous connecter, consultez la section 7.3 Dépannage IKEv1.

5.4 iOS

> Vous pouvez également vous connecter en utilisant le mode IKEv2 (recommandé) ou IPsec/XAuth.

1. Allez dans Réglages → Général → VPN.
2. Appuyez sur **Ajouter une configuration VPN...**.
3. Appuyez sur **Type**. Sélectionnez **L2TP** et revenez en arrière.
4. Appuyez sur **Description** et saisissez ce que vous souhaitez.
5. Appuyez sur **Serveur** et entrez « Votre IP de serveur VPN ».
6. Appuyez sur **Compte** et saisissez « Votre nom d'utilisateur VPN ».
7. Appuyez sur **Mot de passe** et saisissez « Votre mot de passe VPN ».
8. Appuyez sur **Secret** et entrez « Votre VPN IPsec PSK ».
9. Assurez-vous que le commutateur **Tout envoyer** est activé.
10. Appuyez sur **OK**.
11. Faites glisser le commutateur **VPN** sur ON.

Une fois que la connexion est établie, vous verrez une icône VPN dans la barre d'état. Vous pouvez vérifier que votre trafic est correctement acheminé en recherchant votre adresse IP sur Google. Vous devriez voir le texte « Votre adresse IP publique est "Votre IP de serveur VPN" ».

Si une erreur survient lorsque vous essayez de vous connecter, consultez la section 7.3 Dépannage IKEv1.

5.5 Chrome OS

> Vous pouvez également vous connecter en utilisant le mode IKEv2 (recommandé).

1. Allez dans Paramètres → Réseau.
2. Cliquez sur **Ajouter une connexion**, puis sur **Ajouter le VPN intégré**.
3. Saisissez le nom de votre choix pour le **Nom du service**.

4. Sélectionnez **L2TP/IPsec** dans le menu déroulant **Type de fournisseur**.
5. Saisissez « Votre IP de serveur VPN » pour le **Nom d'hôte du serveur**.
6. Sélectionnez **Clé pré-partagée** dans le menu déroulant **Type d'authentification**.
7. Saisissez « Votre nom d'utilisateur VPN » pour le **Nom d'utilisateur**.
8. Saisissez « Votre mot de passe VPN » pour le **Mot de passe**.
9. Saisissez « Votre VPN IPsec PSK » pour la **Clé pré-partagée**.
10. Laissez les autres champs vides.
11. Activez **Enregistrer le nom d'utilisateur et le mot de passe**.
12. Cliquez sur **Connexion**.

Une fois que la connexion est établie, vous verrez une icône VPN superposée sur l'icône d'état du réseau. Vous pouvez vérifier que votre trafic est correctement acheminé en recherchant votre adresse IP sur Google. Vous devriez voir le texte « Votre adresse IP publique est "Votre IP de serveur VPN" ».

Si une erreur survient lorsque vous essayez de vous connecter, consultez la section 7.3 Dépannage IKEv1.

5.6 Linux

> Vous pouvez également vous connecter en utilisant le mode IKEv2 (recommandé).

5.6.1 Ubuntu Linux

Les utilisateurs d'Ubuntu 18.04 (et plus récent) peuvent installer le package network-manager-l2tp-gnome à l'aide de `apt`, puis configurer le client VPN IPsec/L2TP à l'aide de l'interface graphique.

1. Allez dans Paramètres → Réseau → VPN. Cliquez sur le bouton +.
2. Sélectionnez **Protocole de tunneling de couche 2 (L2TP)**.
3. Saisissez ce que vous souhaitez dans le champ **Nom**.
4. Saisissez « Votre IP de serveur VPN » pour la **passerelle**.
5. Saisissez « Votre nom d'utilisateur VPN » pour le **Nom d'utilisateur**.

6. Cliquez avec le bouton droit sur **?** dans le champ **Mot de passe**, sélectionnez **Stocker le mot de passe uniquement pour cet utilisateur**.
7. Saisissez « Votre mot de passe VPN » pour le **Mot de passe**.
8. Laissez le champ **Domaine NT** vide.
9. Cliquez sur le bouton **Paramètres IPsec...**.
10. Cochez la case **Activer le tunnel IPsec vers l'hôte L2TP**.
11. Laissez le champ **ID de passerelle** vide.
12. Saisissez « Votre VPN IPsec PSK » pour la **clé pré-partagée**.
13. Développez la section **Avancé**.
14. Entrez `aes128-sha1-modp2048` pour les **algorithmes de phase 1**.
15. Entrez « aes128-sha1 » pour les **algorithmes de phase 2**.
16. Cliquez sur **OK**, puis sur **Ajouter** pour enregistrer les informations de connexion VPN.
17. Activez le commutateur **VPN**.

Une fois que la connexion est établie, vous pouvez vérifier que votre trafic est correctement acheminé en recherchant votre adresse IP sur Google. Vous devriez voir le texte « Votre adresse IP publique est "Votre IP de serveur VPN" ».

5.6.2 Fedora et CentOS

Les utilisateurs de Fedora 28 (et plus récent) et CentOS 8/7 peuvent se connecter en utilisant le mode IPsec/XAuth.

5.6.3 Autre Linux

Vérifiez d'abord ici (https://github.com/nm-l2tp/NetworkManager-l2tp/wiki/Prebuilt-Packages) si les packages `network-manager-l2tp` et `network-manager-l2tp-gnome` sont disponibles pour votre distribution Linux. Si oui, installez-les (sélectionnez strongSwan) et suivez les instructions ci-dessus. Vous pouvez également configurer les clients VPN Linux à l'aide de la ligne de commande.

5.6.4 Configurer à l'aide de la ligne de commande

Les utilisateurs avancés peuvent suivre ces étapes pour configurer les clients VPN Linux à l'aide de la ligne de commande. Vous pouvez également vous connecter en mode IKEv2 (recommandé) ou configurer à l'aide de l'interface graphique. Les commandes doivent être exécutées en tant que « root » sur votre client VPN.

Pour configurer le client VPN, installez d'abord les packages suivants :

```
# Ubuntu et Debian
apt-get update
apt-get install strongswan xl2tpd net-tools

# Fedora
yum install strongswan xl2tpd net-tools

# CentOS
yum install epel-release
yum --enablerepo=epel install strongswan xl2tpd net-tools
```

Créer des variables VPN (remplacer par des valeurs réelles) :

```
VPN_SERVER_IP='your_vpn_server_ip'
VPN_IPSEC_PSK='your_ipsec_pre_shared_key'
VPN_USER='your_vpn_username'
VPN_PASSWORD='your_vpn_password'
```

Configurer strongSwan :

```
cat > /etc/ipsec.conf <<EOF
# ipsec.conf - strongSwan IPsec configuration file

conn myvpn
  auto=add
  keyexchange=ikev1
  authby=secret
  type=transport
  left=%defaultroute
  leftprotoport=17/1701
```

```
  rightprotoport=17/1701
  right=$VPN_SERVER_IP
  ike=aes128-sha1-modp2048
  esp=aes128-sha1
EOF

cat > /etc/ipsec.secrets <<EOF
: PSK "$VPN_IPSEC_PSK"
EOF

chmod 600 /etc/ipsec.secrets

# Pour CentOS et Fedora UNIQUEMENT
mv /etc/strongswan/ipsec.conf \
  /etc/strongswan/ipsec.conf.old 2>/dev/null
mv /etc/strongswan/ipsec.secrets \
  /etc/strongswan/ipsec.secrets.old 2>/dev/null
ln -s /etc/ipsec.conf /etc/strongswan/ipsec.conf
ln -s /etc/ipsec.secrets /etc/strongswan/ipsec.secrets
```

Configurer xl2tpd :

```
cat > /etc/xl2tpd/xl2tpd.conf <<EOF
[lac myvpn]
lns = $VPN_SERVER_IP
ppp debug = yes
pppoptfile = /etc/ppp/options.l2tpd.client
length bit = yes
EOF

cat > /etc/ppp/options.l2tpd.client <<EOF
ipcp-accept-local
ipcp-accept-remote
refuse-eap
require-chap
noccp
noauth
mtu 1280
```

```
mru 1280
noipdefault
defaultroute
usepeerdns
connect-delay 5000
name "$VPN_USER"
password "$VPN_PASSWORD"
EOF

chmod 600 /etc/ppp/options.l2tpd.client
```

La configuration du client VPN est désormais terminée. Suivez les étapes ci-dessous pour vous connecter.

Remarque : vous devez répéter toutes les étapes ci-dessous chaque fois que vous essayez de vous connecter au VPN.

Créer le fichier de contrôle xl2tpd :

```
mkdir -p /var/run/xl2tpd
touch /var/run/xl2tpd/l2tp-control
```

Redémarrer les services :

```
service strongswan restart

# Pour Ubuntu 20.04 et versions ultérieures, si le service
# strongswan n'est pas trouvé
ipsec restart

service xl2tpd restart
```

Démarrer la connexion IPsec :

```
# Ubuntu et Debian
ipsec up myvpn

# CentOS et Fedora
strongswan up myvpn
```

Démarrer la connexion L2TP :

```
echo "c myvpn" > /var/run/xl2tpd/l2tp-control
```

Exécutez `ifconfig` et vérifiez le résultat. Vous devriez maintenant voir une nouvelle interface `ppp0`.

Vérifiez votre itinéraire par défaut existant :

```
ip route
```

Recherchez cette ligne dans la sortie : « default via XXXX ... ». Notez cette adresse IP de passerelle pour l'utiliser dans les deux commandes ci-dessous.

Excluez l'IP publique de votre serveur VPN de la nouvelle route par défaut (remplacez-la par la valeur réelle) :

```
route add YOUR_VPN_SERVER_PUBLIC_IP gw X.X.X.X
```

Si votre client VPN est un serveur distant, vous devez également exclure l'adresse IP publique de votre PC local de la nouvelle route par défaut, pour éviter que votre session SSH ne soit déconnectée (remplacez par la valeur réelle) :

```
route add YOUR_LOCAL_PC_PUBLIC_IP gw X.X.X.X
```

Ajoutez une nouvelle route par défaut pour démarrer le routage du trafic via le serveur VPN :

```
route add default dev ppp0
```

La connexion VPN est désormais établie. Vérifiez que votre trafic est correctement acheminé :

```
wget -qO- http://ipv4.icanhazip.com; echo
```

La commande ci-dessus devrait renvoyer « Votre IP de serveur VPN ».

Pour arrêter le routage du trafic via le serveur VPN :

```
route del default dev ppp0
```

Pour se déconnecter :

```
# Ubuntu et Debian
echo "d myvpn" > /var/run/xl2tpd/l2tp-control
ipsec down myvpn

# CentOS et Fedora
echo "d myvpn" > /var/run/xl2tpd/l2tp-control
strongswan down myvpn
```

6 Configurer les clients VPN IPsec/XAuth

Après avoir configuré votre propre serveur VPN, suivez ces étapes pour configurer vos appareils. IPsec/XAuth (« Cisco IPsec ») est pris en charge nativement par Android, iOS et macOS. Il n'y a aucun logiciel supplémentaire à installer. Les utilisateurs Windows peuvent utiliser le « Shrew Soft VPN client » gratuit. Si vous ne parvenez pas à vous connecter, vérifiez d'abord que les informations d'identification du VPN ont été correctement saisies.

Le mode IPsec/XAuth est également appelé « Cisco IPsec ». Ce mode est généralement **plus rapide** que IPsec/L2TP avec moins de surcharge.

- Plateformes
  - Windows
  - macOS
  - Android
  - iOS (iPhone/iPad)
  - Linux

6.1 Windows

> Vous pouvez également vous connecter en utilisant le mode IKEv2 (recommandé) ou IPsec/L2TP. Aucun logiciel supplémentaire n'est requis.

1. Téléchargez et installez le « Shrew Soft VPN client » gratuit (https://www.shrew.net/download/vpn). Lorsque vous y êtes invité lors de l'installation, sélectionnez **Standard Edition**.
   Remarque : ce client VPN ne prend PAS en charge Windows 10/11.
2. Cliquez sur le menu Démarrer → Tous les programmes → Shrew Soft VPN Client → VPN Access Manager
3. Cliquez sur le bouton **Add (+)** dans la barre d'outils.

4. Saisissez « Votre IP de serveur VPN » dans le champ **Host Name or IP Address**.
5. Cliquez sur l'onglet **Authentication**. Sélectionnez **Mutual PSK + XAuth** dans le menu déroulant **Authentication Method**.
6. Sous le sous-onglet **Local Identity**, sélectionnez **IP Address** dans le menu déroulant **Identification Type**.
7. Cliquez sur le sous-onglet **Credentials**. Saisissez « Votre clé VPN IPsec PSK » dans le champ **Pre Shared Key**.
8. Cliquez sur l'onglet **Phase 1**. Sélectionnez **main** dans le menu déroulant **Exchange Type**.
9. Cliquez sur l'onglet **Phase 2**. Sélectionnez **sha1** dans le menu déroulant **HMAC Algorithm**.
10. Cliquez sur **Save** pour enregistrer les détails de la connexion VPN.
11. Sélectionnez la nouvelle connexion VPN. Cliquez sur le bouton **Connect** dans la barre d'outils.
12. Saisissez « Votre nom d'utilisateur VPN » dans le champ **Username**.
13. Saisissez « Votre mot de passe VPN » dans le champ **Password**.
14. Cliquez sur **Connect**.

Une fois que la connexion est établie, vous verrez **tunnel enabled** dans la fenêtre d'état de connexion VPN. Cliquez sur l'onglet « Network » et confirmez que **Established - 1** s'affiche sous « Security Associations ». Vous pouvez vérifier que votre trafic est correctement acheminé en recherchant votre adresse IP sur Google. Vous devriez voir le texte « Votre adresse IP publique est "Votre IP de serveur VPN" ».

Si une erreur survient lorsque vous essayez de vous connecter, consultez la section 7.3 Dépannage IKEv1.

6.2 macOS

6.2.1 macOS 13 (Ventura) et versions ultérieures

> Vous pouvez également vous connecter en utilisant le mode IKEv2 (recommandé) ou IPsec/L2TP.

1. Ouvrez **Réglages Système** et accédez à la section **Réseau**.
2. Cliquez sur **VPN** sur le côté droit de la fenêtre.

3. Cliquez sur le menu déroulant **Ajouter une configuration VPN** et sélectionnez **Cisco IPSec**.
4. Dans la fenêtre qui s'ouvre, entrez ce que vous souhaitez pour le **Nom affiché**.
5. Saisissez « Votre IP de serveur VPN » pour l'**Adresse du serveur**.
6. Saisissez « Votre nom d'utilisateur VPN » pour le **Nom du compte**.
7. Saisissez « Votre mot de passe VPN » pour le **Mot de passe**.
8. Sélectionnez **Secret partagé** dans le menu déroulant **Type**.
9. Saisissez « Votre VPN IPsec PSK » pour le **Secret partagé**.
10. Laissez le champ **Nom du groupe** vide.
11. Cliquez sur **Créer** pour enregistrer la configuration VPN.
12. Pour afficher l'état du VPN dans votre barre de menu et accéder aux raccourcis, accédez à la section **Centre de contrôle** des **Réglages Système**. Faites défiler vers le bas et sélectionnez « Afficher dans la barre des menus » dans le menu déroulant **VPN**.

Pour vous connecter au VPN : utilisez l'icône de la barre de menus ou accédez à la section **VPN** des **Réglages Système** et activez le commutateur de configuration de votre VPN. Vous pouvez vérifier que votre trafic est correctement acheminé en recherchant votre adresse IP sur Google. Vous devriez voir le texte « Votre adresse IP publique est "Votre IP de serveur VPN" ».

Si une erreur survient lorsque vous essayez de vous connecter, consultez la section 7.3 Dépannage IKEv1.

6.2.2 macOS 12 (Monterey) et versions antérieures

> Vous pouvez également vous connecter en utilisant le mode IKEv2 (recommandé) ou IPsec/L2TP.

1. Ouvrez les Préférences Système et accédez à la section Réseau.
2. Cliquez sur le bouton + dans le coin inférieur gauche de la fenêtre.
3. Sélectionnez **VPN** dans le menu déroulant **Interface**.
4. Sélectionnez **Cisco IPSec** dans le menu déroulant **Type de VPN**.
5. Saisissez le nom de votre choix pour le **Nom du service**.
6. Cliquez sur **Créer**.
7. Saisissez « Votre IP de serveur VPN » pour l'**Adresse du serveur**.

8. Saisissez « Votre nom d'utilisateur VPN » pour le **Nom du compte**.
9. Saisissez « Votre mot de passe VPN » pour le **Mot de passe**.
10. Cliquez sur le bouton **Réglages d'authentification**.
11. Dans la section **Authentification de la machine**, sélectionnez le bouton radio **Secret partagé** et entrez « Votre VPN IPsec PSK ».
12. Laissez le champ **Nom du groupe** vide.
13. Cliquez sur **OK**.
14. Cochez la case **Afficher l'état VPN dans la barre de menus**.
15. Cliquez sur **Appliquer** pour enregistrer les informations de connexion VPN.

Pour vous connecter au VPN : utilisez l'icône de la barre de menus ou accédez à la section Réseau des Préférences Système, sélectionnez le VPN et choisissez **Connecter**. Vous pouvez vérifier que votre trafic est correctement acheminé en recherchant votre adresse IP sur Google. Vous devriez voir le texte « Votre adresse IP publique est "Votre IP de serveur VPN" ».

Si une erreur survient lorsque vous essayez de vous connecter, consultez la section 7.3 Dépannage IKEv1.

6.3 Android

Important : les utilisateurs d'Android doivent plutôt se connecter en mode IKEv2 (recommandé), qui est plus sécurisé. Voir la section 3.2 pour plus de détails. Android 12+ prend uniquement en charge le mode IKEv2. Le client VPN natif d'Android utilise le mode moins sécurisé « modp1024 » (groupe DH 2) pour les modes IPsec/L2TP et IPsec/XAuth (« Cisco IPsec »).

Si vous souhaitez toujours vous connecter en mode IPsec/XAuth, vous devez d'abord modifier `/etc/ipsec.conf` sur le serveur VPN. Recherchez la ligne `ike=...` et ajoutez `,aes256-sha2;modp1024,aes128-sha1;modp1024` à la fin. Enregistrez le fichier et exécutez `service ipsec restart`.

Si vous utilisez Docker : ajoutez `VPN_ENABLE_MODP1024=yes` à votre fichier d'environnement, puis recréez le conteneur Docker.

Ensuite, suivez les étapes ci-dessous sur votre appareil Android :

1. Lancez l'application **Paramètres**.
2. Appuyez sur « Réseau et Internet ». Ou, si vous utilisez Android 7 ou une version antérieure, appuyez sur **Plus...** dans la section **Sans fil et réseaux**.
3. Appuyez sur **VPN**.
4. Appuyez sur **Ajouter un profil VPN** ou sur l'icône + en haut à droite de l'écran.
5. Saisissez ce que vous souhaitez dans le champ **Nom**.
6. Sélectionnez **IPSec Xauth PSK** dans le menu déroulant **Type**.
7. Saisissez « Votre IP de serveur VPN » dans le champ **Adresse du serveur**.
8. Laissez le champ **Identifiant IPSec** vide.
9. Saisissez « Votre clé VPN IPsec PSK » dans le champ **Clé pré-partagée IPSec**.
10. Appuyez sur **Enregistrer**.
11. Appuyez sur la nouvelle connexion VPN.
12. Saisissez « Votre nom d'utilisateur VPN » dans le champ **Nom d'utilisateur**.
13. Saisissez « Votre mot de passe VPN » dans le champ **Mot de passe**.
14. Cochez la case **Enregistrer les informations de compte**.
15. Appuyez sur **Se connecter**.

Une fois que la connexion est établie, vous verrez une icône VPN dans la barre de notification. Vous pouvez vérifier que votre trafic est correctement acheminé en recherchant votre adresse IP sur Google. Vous devriez voir le texte « Votre adresse IP publique est "Votre IP de serveur VPN" ».

Si une erreur survient lorsque vous essayez de vous connecter, consultez la section 7.3 Dépannage IKEv1.

6.4 iOS

> Vous pouvez également vous connecter en utilisant le mode IKEv2 (recommandé) ou IPsec/L2TP.

1. Allez dans Réglages → Général → VPN.
2. Appuyez sur **Ajouter une configuration VPN...**.
3. Appuyez sur **Type**. Sélectionnez **IPsec** et revenez en arrière.

4. Appuyez sur **Description** et saisissez ce que vous souhaitez.
5. Appuyez sur **Serveur** et entrez « Votre IP de serveur VPN ».
6. Appuyez sur **Compte** et saisissez « Votre nom d'utilisateur VPN ».
7. Appuyez sur **Mot de passe** et saisissez « Votre mot de passe VPN ».
8. Laissez le champ **Nom du groupe** vide.
9. Appuyez sur **Secret** et entrez « Votre VPN IPsec PSK ».
10. Appuyez sur **OK**.
11. Faites glisser le commutateur **VPN** sur ON.

Une fois que la connexion est établie, vous verrez une icône VPN dans la barre d'état. Vous pouvez vérifier que votre trafic est correctement acheminé en recherchant votre adresse IP sur Google. Vous devriez voir le texte « Votre adresse IP publique est "Votre IP de serveur VPN" ».

Si une erreur survient lorsque vous essayez de vous connecter, consultez la section 7.3 Dépannage IKEv1.

6.5 Linux

> Vous pouvez également vous connecter en utilisant le mode IKEv2 (recommandé).

6.5.1 Fedora et CentOS

Les utilisateurs de Fedora 28 (et plus récent) et CentOS 8/7 peuvent installer le package `NetworkManager-libreswan-gnome` en utilisant `yum`, puis configurer le client VPN IPsec/XAuth en utilisant l'interface graphique.

1. Allez dans Paramètres → Réseau → VPN. Cliquez sur le bouton +.
2. Sélectionnez **VPN basé sur IPsec**.
3. Saisissez ce que vous souhaitez dans le champ **Nom**.
4. Saisissez « Votre IP de serveur VPN » pour la **passerelle**.
5. Sélectionnez **IKEv1 (XAUTH)** dans le menu déroulant **Type**.
6. Saisissez « Votre nom d'utilisateur VPN » pour le **Nom d'utilisateur**.
7. Cliquez avec le bouton droit sur **?** dans le champ **Mot de passe utilisateur**, sélectionnez **Stocker le mot de passe uniquement pour cet utilisateur**.

8. Saisissez « Votre mot de passe VPN » comme **mot de passe utilisateur**.
9. Laissez le champ **Nom du groupe** vide.
10. Cliquez avec le bouton droit sur **?** dans le champ **Secret**, sélectionnez **Stocker le mot de passe uniquement pour cet utilisateur**.
11. Saisissez « Votre VPN IPsec PSK » pour le **Secret**.
12. Laissez le champ **ID distant** vide.
13. Cliquez sur **Ajouter** pour enregistrer les informations de connexion VPN.
14. Activez le commutateur **VPN**.

Une fois que la connexion est établie, vous pouvez vérifier que votre trafic est correctement acheminé en recherchant votre adresse IP sur Google. Vous devriez voir le texte « Votre adresse IP publique est "Votre IP de serveur VPN" ».

6.5.2 Autre Linux

Les autres utilisateurs Linux peuvent se connecter en utilisant le mode IPsec/L2TP.

7 VPN IPsec : dépannage

7.1 Vérifiez les journaux et l'état du VPN

Les commandes ci-dessous doivent être exécutées en tant que « root » (ou en utilisant « sudo »).

Tout d'abord, redémarrez les services sur le serveur VPN :

```
service ipsec restart
service xl2tpd restart
```

Si vous utilisez Docker : exécutez « docker restart ipsec-vpn-server ».

Redémarrez ensuite votre périphérique client VPN et réessayez la connexion. Si vous ne parvenez toujours pas à vous connecter, essayez de supprimer et de recréer la connexion VPN. Assurez-vous que l'adresse du serveur VPN et les informations d'identification VPN sont correctement saisies.

Pour les serveurs dotés d'un pare-feu externe (par exemple EC2/GCE), ouvrez les ports UDP 500 et 4500 pour le VPN.

Vérifiez les erreurs dans les journaux Libreswan (IPsec) et xl2tpd :

```
# Ubuntu et Debian
grep pluto /var/log/auth.log
grep xl2tpd /var/log/syslog

# CentOS/RHEL, Rocky Linux, AlmaLinux,
# Oracle Linux et Amazon Linux 2
grep pluto /var/log/secure
grep xl2tpd /var/log/messages

# Alpine Linux
grep pluto /var/log/messages
grep xl2tpd /var/log/messages
```

Vérifiez l'état du serveur VPN IPsec :

```
ipsec status
```

Afficher les connexions VPN actuellement établies :

```
ipsec trafficstatus
```

7.2 Dépannage IKEv2

Voir également : 7.1 vérifier les journaux et l'état du VPN, 7.3 dépannage IKEv1 et chapitre 8, VPN IPsec : utilisation avancée.

7.2.1 Impossible de se connecter au serveur VPN

Tout d'abord, assurez-vous que l'adresse du serveur VPN spécifiée sur votre périphérique client VPN **correspond exactement** à l'adresse du serveur dans la sortie du script d'aide IKEv2. Par exemple, vous ne pouvez pas utiliser un nom DNS pour vous connecter s'il n'a pas été spécifié lors de la configuration d'IKEv2. Pour modifier l'adresse du serveur IKEv2, lisez la section 3.4 Modifier l'adresse du serveur IKEv2.

Pour les serveurs dotés d'un pare-feu externe (par exemple EC2/GCE), ouvrez les ports UDP 500 et 4500 pour le VPN.

Vérifiez les journaux et l'état du VPN pour détecter d'éventuelles erreurs (voir section 7.1). Si vous rencontrez des erreurs liées à la retransmission et que vous ne parvenez pas à vous connecter, il peut y avoir des problèmes de réseau entre le client et le serveur VPN.

7.2.2 Impossible de connecter plusieurs clients IKEv2

Pour connecter plusieurs clients IKEv2 derrière le même NAT (par exemple un routeur domestique) en même temps, vous devrez générer un certificat unique pour chaque client. Sinon, vous pourriez rencontrer le problème où un client connecté ultérieurement affecte la connexion VPN d'un client existant, qui peut perdre l'accès à Internet.

Pour générer des certificats pour des clients IKEv2 supplémentaires, exécutez le script d'aide avec l'option `--addclient`. Pour personnaliser les options client, exécutez le script sans arguments.

```
sudo ikev2.sh --addclient [nom du client]
```

7.2.3 Les informations d'identification d'authentification IKE ne sont pas acceptables

Si vous rencontrez cette erreur, assurez-vous que l'adresse du serveur VPN spécifiée sur votre périphérique client VPN **correspond exactement** à l'adresse du serveur dans la sortie du script d'assistance IKEv2. Par exemple, vous ne pouvez pas utiliser un nom DNS pour vous connecter s'il n'a pas été spécifié lors de la configuration d'IKEv2. Pour modifier l'adresse du serveur IKEv2, lisez la section 3.4 Modifier l'adresse du serveur IKEv2.

7.2.4 Erreur de correspondance de politique

Pour corriger cette erreur, vous devez activer des chiffrements plus puissants pour IKEv2 avec une modification ponctuelle du registre. Exécutez la commande suivante à partir d'une invite de commande avec privilèges élevés.

- Pour Windows 7, 8, 10 et 11+

```
REG ADD HKLM\SYSTEM\CurrentControlSet\Services\RasMan\Parameters ^
  /v NegotiateDH2048_AES256 /t REG_DWORD /d 0x1 /f
```

7.2.5 Le paramètre est incorrect

Si vous rencontrez « Erreur 87 : le paramètre est incorrect » lorsque vous essayez de vous connecter en mode IKEv2, essayez les solutions dans : https://github.com/trailofbits/algo/issues/1051, plus précisément, l'étape 2 « réinitialiser les adaptateurs du gestionnaire de périphériques ».

7.2.6 Impossible d'ouvrir des sites Web après la connexion à IKEv2

Si votre périphérique client VPN ne peut pas ouvrir de sites Web après s'être connecté avec succès à IKEv2, essayez les correctifs suivants :

1. Certains fournisseurs de cloud, comme Google Cloud, définissent par défaut un MTU inférieur. Cela peut entraîner des problèmes de réseau avec les clients VPN IKEv2. Pour résoudre ce problème, essayez de définir le MTU sur 1 500 sur le serveur VPN :

   ```
   # Remplacez ens4 par le nom de l'interface réseau
   # sur votre serveur
   sudo ifconfig ens4 mtu 1500
   ```

   Ce paramètre **ne persiste pas** après un redémarrage. Pour modifier la taille MTU de manière permanente, reportez-vous aux articles pertinents sur le Web.

2. Si votre client VPN Android ou Linux peut se connecter en mode IKEv2, mais ne peut pas ouvrir de sites Web, essayez le correctif de la section 7.3.6 Problèmes MTU/MSS Android/Linux.

3. Les clients VPN Windows ne peuvent pas utiliser les serveurs DNS spécifiés par IKEv2 après la connexion, si les serveurs DNS configurés du client sur la carte Internet proviennent du segment de réseau local. Cela peut être résolu en saisissant manuellement les serveurs DNS tels que Google Public DNS (8.8.8.8, 8.8.4.4) dans les propriétés de l'interface réseau → TCP/IPv4. Pour plus d'informations, voir la section 7.3.5 Fuites DNS Windows et IPv6.

7.2.7 Connexion à Windows 10

Si vous utilisez Windows 10 et que le VPN reste bloqué sur « connexion » pendant plus de quelques minutes, essayez ces étapes :

1. Cliquez avec le bouton droit sur l'icône sans fil/réseau dans la barre d'état système.
2. Sélectionnez **Ouvrir les paramètres réseau et Internet**, puis sur la page qui s'ouvre, cliquez sur **VPN** sur la gauche.
3. Sélectionnez la nouvelle entrée VPN, puis cliquez sur **Connecter**.

7.2.8 Autres problèmes connus

Il est possible que le client VPN intégré à Windows ne prenne pas en charge la fragmentation IKEv2 (cette fonctionnalité nécessite Windows 10 v1803 ou une version plus récente). Sur certains réseaux, cela peut entraîner l'échec de la connexion ou d'autres problèmes. Vous pouvez plutôt essayer le mode IPsec/L2TP ou IPsec/XAuth.

7.3 Dépannage IKEv1

Voir également : 7.1 vérifier les journaux et l'état du VPN, 7.2 dépannage IKEv2 et chapitre 8, VPN IPsec : utilisation avancée.

7.3.1 Erreur Windows 809

> Erreur 809 : la connexion réseau entre votre ordinateur et le serveur VPN n'a pas pu être établie car le serveur distant ne répond pas. Cela peut être dû à l'un des périphériques réseau (par exemple, pare-feu, NAT, routeurs, etc.) entre votre ordinateur et le serveur distant n'est pas configuré pour autoriser les connexions VPN. Veuillez contacter votre administrateur ou votre fournisseur de services pour déterminer quel périphérique pourrait être à l'origine du problème.

Remarque : la modification du registre ci-dessous n'est requise que si vous utilisez le mode IPsec/L2TP pour vous connecter au VPN. Elle n'est PAS requise pour les modes IKEv2 et IPsec/XAuth.

Pour corriger cette erreur, une modification ponctuelle du registre est nécessaire car le serveur et/ou le client VPN se trouve derrière NAT (par exemple, un routeur domestique). Exécutez la commande suivante à partir d'une invite de commande avec privilèges élevés. **Vous devez redémarrer votre PC lorsque vous avez terminé.**

- Pour Windows Vista, 7, 8, 10 et 11+

```
REG ADD HKLM\SYSTEM\CurrentControlSet\Services\PolicyAgent ^
  /v AssumeUDPEncapsulationContextOnSendRule /t REG_DWORD ^
  /d 0x2 /f
```

- Pour Windows XP UNIQUEMENT

```
REG ADD HKLM\SYSTEM\CurrentControlSet\Services\IPSec ^
  /v AssumeUDPEncapsulationContextOnSendRule /t REG_DWORD ^
  /d 0x2 /f
```

Bien que cela soit rare, certains systèmes Windows désactivent le chiffrement IPsec, ce qui entraîne l'échec de la connexion. Pour le réactiver, exécutez la commande suivante et redémarrez votre PC.

- Pour Windows XP, Vista, 7, 8, 10 et 11+

```
REG ADD HKLM\SYSTEM\CurrentControlSet\Services\RasMan\Parameters ^
  /v ProhibitIpSec /t REG_DWORD /d 0x0 /f
```

7.3.2 Erreur Windows 789 ou 691

> Erreur 789 : la tentative de connexion L2TP a échoué car la couche de sécurité a rencontré une erreur de traitement au cours des négociations initiales avec l'ordinateur distant.

> Erreur 691 : la connexion a été refusée car le nom d'utilisateur ou mot de passe que vous avez spécifié n'est pas valide ou le protocole d'authentification sélectionnée n'est pas autorisé sur le serveur distant.

Pour l'erreur 789, voir :
https://documentation.meraki.com/MX/Client_VPN/Guided_Client_VPN_Troubleshooting pour obtenir des informations de dépannage. Pour l'erreur 691, vous pouvez essayer de supprimer et de recréer la connexion VPN. Assurez-vous que les informations d'identification VPN sont correctement saisies.

7.3.3 Erreur Windows 628 ou 766

> Erreur 628 : la connexion a été interrompue par l'ordinateur distant avant d'être terminée.

> Erreur 766 : un certificat est introuvable. Les connexions qui utilisent le protocole L2TP sur IPSec nécessitent l'installation d'un certificat d'ordinateur.

Pour corriger ces erreurs, veuillez suivre ces étapes :

1. Cliquez avec le bouton droit sur l'icône sans fil/réseau dans la barre d'état système.
2. **Windows 11+ :** sélectionnez **Paramètres réseau et Internet**, puis sur la page qui s'ouvre, cliquez sur **Paramètres réseau avancés**. Cliquez sur **Options d'adaptateur réseau supplémentaires**.
   Windows 10 : sélectionnez **Ouvrir les paramètres réseau et Internet**, puis sur la page qui s'ouvre, cliquez sur **Centre Réseau et partage**. Sur la gauche, cliquez sur **Modifier les paramètres de la carte**.
   Windows 8/7 : sélectionnez **Ouvrir le Centre Réseau et partage**. Sur la gauche, cliquez sur **Modifier les paramètres de la carte**.
3. Cliquez avec le bouton droit sur la nouvelle connexion VPN et choisissez **Propriétés**.
4. Cliquez sur l'onglet **Sécurité**. Sélectionnez « Protocole L2TP (Layer 2 Tunneling Protocol) avec IPsec (L2TP/IPSec) » pour **Type de réseau VPN**.
5. Cliquez sur **Autoriser ces protocoles**. Cochez les cases « Protocole CHAP (Challenge Handshake Authentication Protocol) » et « Protocole Microsoft CHAP Version 2 (MS-CHAP v2) ».
6. Cliquez sur le bouton **Paramètres avancés**.
7. Sélectionnez **Utiliser une clé prépartagée pour l'authentification** et entrez « Votre VPN IPsec PSK » pour la **Clé**.
8. Cliquez sur **OK** pour fermer les **Paramètres avancés**.
9. Cliquez sur **OK** pour enregistrer les détails de la connexion VPN.

7.3.4 Mises à niveau vers Windows 10/11

Après la mise à niveau de la version Windows 10/11 (par exemple de 21H2 à 22H2), vous devrez peut-être réappliquer le correctif de la section 7.3.1 pour l'erreur Windows 809 et redémarrer.

7.3.5 Fuites DNS Windows et IPv6

Windows 8, 10 et 11+ utilisent par défaut la « résolution de noms multi-résidents intelligente », ce qui peut provoquer des « fuites DNS » lors de l'utilisation du client VPN IPsec natif si vos serveurs DNS sur l'adaptateur Internet proviennent du segment de réseau local. Pour résoudre ce problème, vous pouvez soit désactiver la résolution de noms multi-résidents intelligente (https://www.neowin.net/news/guide-prevent-dns-leakage-while-using-a-vpn-on-windows-10-and-windows-8/), soit configurer votre adaptateur Internet pour utiliser des serveurs DNS en dehors de votre réseau local (par exemple 8.8.8.8 et 8.8.4.4). Une fois terminé, effacez le cache DNS (https://support.opendns.com/hc/en-us/articles/227988627-How-to-clear-the-DNS-Cache-) et redémarrez votre PC.

De plus, si IPv6 est activé sur votre ordinateur, tout le trafic IPv6 (y compris les requêtes DNS) contournera le VPN. Découvrez comment désactiver IPv6 dans Windows (https://support.microsoft.com/en-us/help/929852/guidance-for-configuring-ipv6-in-windows-for-advanced-users). Si vous avez besoin d'un VPN prenant en charge IPv6, vous pouvez plutôt essayer OpenVPN. Consultez le chapitre 13 pour plus de détails.

7.3.6 Problèmes MTU/MSS sous Android/Linux

Certains appareils Android et systèmes Linux présentent des problèmes de MTU/MSS, c'est-à-dire qu'ils peuvent se connecter au VPN à l'aide du mode IPsec/XAuth (« Cisco IPsec ») ou IKEv2, mais ne peuvent pas ouvrir de sites Web. Si vous rencontrez ce problème, essayez d'exécuter les commandes suivantes sur le serveur VPN. En cas de succès, vous pouvez ajouter ces commandes à `/etc/rc.local` pour qu'elles persistent après le redémarrage.

```
iptables -t mangle -A FORWARD -m policy --pol ipsec --dir in \
  -p tcp -m tcp --tcp-flags SYN,RST SYN -m tcpmss \
  --mss 1361:1536 -j TCPMSS --set-mss 1360
iptables -t mangle -A FORWARD -m policy --pol ipsec --dir out \
  -p tcp -m tcp --tcp-flags SYN,RST SYN -m tcpmss \
  --mss 1361:1536 -j TCPMSS --set-mss 1360

echo 1 > /proc/sys/net/ipv4/ip_no_pmtu_disc
```

Si vous utilisez Docker : au lieu d'exécuter les commandes ci-dessus, vous pouvez appliquer ce correctif en ajoutant « VPN_ANDROID_MTU_FIX=yes » à votre fichier d'environnement, puis recréer le conteneur Docker.

7.3.7 macOS envoie du trafic via VPN

Utilisateurs de macOS : si vous parvenez à vous connecter en mode IPsec/L2TP, mais que votre adresse IP publique n'affiche pas « Votre IP de serveur VPN », lisez la section macOS du chapitre 5, Configurer les clients VPN IPsec/L2TP, et suivez ces étapes. Enregistrez la configuration VPN et reconnectez-vous.

Pour macOS 13 (Ventura) et versions ultérieures :

1. Cliquez sur l'onglet **Options** et assurez-vous que l'option **Envoyer tout le trafic sur la connexion VPN** est activée.
2. Cliquez sur l'onglet **TCP/IP** et sélectionnez **Lien local uniquement** dans le menu déroulant **Configurer IPv6**.

Pour macOS 12 (Monterey) et versions antérieures :

1. Cliquez sur le bouton **Avancé** et assurez-vous que la case **Envoyer tout le trafic sur la connexion VPN** est cochée.
2. Cliquez sur l'onglet **TCP/IP** et assurez-vous que **Lien local uniquement** est sélectionné dans la section **Configurer IPv6**.

Après avoir suivi les étapes ci-dessus, si votre ordinateur n'envoie toujours pas de trafic via le VPN, vérifiez l'ordre des services. Depuis l'écran principal des préférences réseau, sélectionnez « Définir l'ordre des services » dans le menu déroulant en forme d'engrenage situé sous la liste des connexions. Faites glisser la connexion VPN vers le haut.

7.3.8 Mode veille iOS/Android

Pour économiser la batterie, les appareils iOS (iPhone/iPad) déconnectent automatiquement le Wi-Fi peu de temps après l'extinction de l'écran (mode veille). Par conséquent, le VPN IPsec se déconnecte. Ce comportement est intentionnel et ne peut pas être configuré.

Si vous souhaitez que le VPN se reconnecte automatiquement lorsque l'appareil se réveille, vous pouvez vous connecter en mode IKEv2 (recommandé) et activer la fonction « VPN à la demande ». Vous pouvez également essayer OpenVPN, qui prend en charge des options telles que « Reconnect on Wakeup » et « Seamless Tunnel ». Consultez le chapitre 13 pour plus de détails.

Les appareils Android peuvent également se déconnecter du Wi-Fi après être entrés en mode veille. Vous pouvez essayer d'activer l'option « VPN toujours activé » pour rester connecté. Pour en savoir plus :
https://support.google.com/android/answer/9089766

7.3.9 Noyau Debian

Utilisateurs Debian : exécutez `uname -r` pour vérifier la version du noyau Linux de votre serveur. Si elle contient le mot « cloud » et que `/dev/ppp` est manquant, alors le noyau ne prend pas en charge `ppp` et ne peut pas utiliser le mode IPsec/L2TP. Les scripts de configuration du VPN tentent de détecter cela et affichent un avertissement. Dans ce cas, vous pouvez utiliser à la place le mode IKEv2 ou IPsec/XAuth pour vous connecter au VPN.

Pour résoudre le problème avec le mode IPsec/L2TP, vous pouvez passer au noyau Linux standard en installant par exemple le paquet `linux-image-amd64`. Mettez ensuite à jour le noyau par défaut dans GRUB et redémarrez votre serveur.

8 VPN IPsec : utilisation avancée

8.1 Utiliser des serveurs DNS alternatifs

Par défaut, les clients sont configurés pour utiliser Google Public DNS lorsque le VPN est actif. Si vous préférez un autre fournisseur DNS, vous pouvez remplacer « 8.8.8.8 » et « 8.8.4.4 » dans ces fichiers : « /etc/ppp/options.xl2tpd », « /etc/ipsec.conf » et « /etc/ipsec.d/ikev2.conf » (s'ils existent). Exécutez ensuite « service ipsec restart » et « service xl2tpd restart ».

Les utilisateurs avancés peuvent définir « VPN_DNS_SRV1 » et éventuellement « VPN_DNS_SRV2 » lors de l'exécution du script de configuration VPN. Pour plus de détails et une liste de certains fournisseurs DNS publics populaires, voir la section 2.8 Personnaliser les options VPN.

Il est possible de définir des serveurs DNS différents pour des clients IKEv2 spécifiques. Pour ce cas d'utilisation, voir :
https://github.com/hwdsl2/setup-ipsec-vpn/issues/1562

Dans certaines circonstances, vous pouvez souhaiter que les clients VPN utilisent le ou les serveurs DNS spécifiés uniquement pour résoudre les noms de domaine internes et utilisent leurs serveurs DNS configurés localement pour résoudre tous les autres noms de domaine. Cela peut être configuré à l'aide de l'option `modecfgdomains`, par exemple `modecfgdomains="internal.example.com, home"`. Ajoutez cette option à la section `conn ikev2-cp` dans `/etc/ipsec.d/ikev2.conf` pour IKEv2 et à la section `conn xauth-psk` dans `/etc/ipsec.conf` pour IPsec/XAuth ("Cisco IPsec"). Exécutez ensuite `service ipsec restart`. Le mode IPsec/L2TP ne prend pas en charge cette option.

8.2 Modifications du nom DNS et de l'IP du serveur

Pour les modes IPsec/L2TP et IPsec/XAuth (« Cisco IPsec »), vous pouvez utiliser un nom DNS (par exemple « vpn.exemple.com ») au lieu d'une adresse IP pour vous connecter au serveur VPN, sans configuration supplémentaire. De plus, le VPN devrait généralement continuer à fonctionner après des changements d'adresse IP du serveur, par exemple après la restauration d'un snapshot sur un nouveau serveur avec une adresse IP différente, bien qu'un redémarrage puisse être nécessaire.

Pour le mode IKEv2, si vous souhaitez que le VPN continue de fonctionner après les modifications de l'adresse IP du serveur, lisez la section 3.4 Modifier l'adresse du serveur IKEv2. Vous pouvez également spécifier un nom DNS pour l'adresse du serveur IKEv2 lors de la configuration d'IKEv2. Le nom DNS doit être un nom de domaine complet (FQDN). Exemple :

```
sudo VPN_DNS_NAME='vpn.example.com' ikev2.sh --auto
```

Vous pouvez également personnaliser les options IKEv2 en exécutant le script d'aide sans le paramètre `--auto`.

8.3 VPN IKEv2 uniquement

Avec Libreswan 4.2 ou une version plus récente, les utilisateurs avancés peuvent activer le mode IKEv2 uniquement sur le serveur VPN. Lorsque le mode IKEv2 uniquement est activé, les clients VPN peuvent uniquement se connecter au serveur VPN via IKEv2. Toutes les connexions IKEv1 (y compris les modes IPsec/L2TP et IPsec/XAuth (« Cisco IPsec »)) seront abandonnées.

Pour activer le mode IKEv2 uniquement, installez d'abord le serveur VPN et configurez IKEv2. Exécutez ensuite le script d'aide et suivez les instructions.

```
wget https://get.vpnsetup.net/ikev2only -O ikev2only.sh
sudo bash ikev2only.sh
```

Pour désactiver le mode IKEv2 uniquement, exécutez à nouveau le script d'aide et sélectionnez l'option appropriée.

8.4 IP et trafic VPN internes

Lors de la connexion en mode IPsec/L2TP, le serveur VPN possède une adresse IP interne « 192.168.42.1 » dans le sous-réseau VPN « 192.168.42.0/24 ». Les clients se voient attribuer des adresses IP internes comprises entre « 192.168.42.10 » et « 192.168.42.250 ». Pour vérifier quelle adresse IP est attribuée à un client, consultez l'état de la connexion sur le client VPN.

Lors de la connexion via IPsec/XAuth (« Cisco IPsec ») ou le mode IKEv2, le serveur VPN n'a PAS d'adresse IP interne dans le sous-réseau VPN « 192.168.43.0/24 ». Les clients se voient attribuer des adresses IP internes comprises entre « 192.168.43.10 » et « 192.168.43.250 ».

Vous pouvez utiliser ces adresses IP VPN internes pour la communication. Notez cependant que les adresses IP attribuées aux clients VPN sont dynamiques et que les pare-feu des périphériques clients peuvent bloquer ce trafic.

Les utilisateurs avancés peuvent éventuellement attribuer des adresses IP statiques aux clients VPN. Voir ci-dessous pour plus de détails.

▼ Mode IPsec/L2TP : attribuez des adresses IP statiques aux clients VPN.

L'exemple ci-dessous **S'applique UNIQUEMENT** au mode IPsec/L2TP. Les commandes doivent être exécutées en tant que « root ».

1. Tout d'abord, créez un nouvel utilisateur VPN pour chaque client VPN auquel vous souhaitez attribuer une adresse IP statique. Reportez-vous au chapitre 9, VPN IPsec : gérer les utilisateurs VPN. Des scripts d'aide sont inclus pour plus de commodité.
2. Modifiez le fichier `/etc/xl2tpd/xl2tpd.conf` sur le serveur VPN. Remplacez `ip range = 192.168.42.10-192.168.42.250` par exemple `ip range = 192.168.42.100-192.168.42.250`. Cela réduit le pool d'adresses IP attribuées automatiquement, de sorte que davantage d'adresses IP sont disponibles pour être attribuées aux clients en tant qu'adresses IP statiques.

3. Modifiez le fichier `/etc/ppp/chap-secrets` sur le serveur VPN. Par exemple, si le fichier contient :

```
"username1"  l2tpd  "password1"  *
"username2"  l2tpd  "password2"  *
"username3"  l2tpd  "password3"  *
```

   Supposons que vous souhaitiez attribuer l'adresse IP statique « 192.168.42.2 » à l'utilisateur VPN « username2 » et attribuer l'adresse IP statique « 192.168.42.3 » à l'utilisateur VPN « username3 » tout en conservant « username1 » inchangé (attribution automatique à partir du pool). Après modification, le fichier devrait ressembler à ceci :

```
"username1"  l2tpd  "password1"  *
"username2"  l2tpd  "password2"  192.168.42.2
"username3"  l2tpd  "password3"  192.168.42.3
```

   Remarque : les adresses IP statiques attribuées doivent provenir du sous-réseau « 192.168.42.0/24 » et NE doivent PAS provenir du pool d'adresses IP attribuées automatiquement (voir « plage d'adresses IP » ci-dessus). De plus, « 192.168.42.1 » est réservé au serveur VPN lui-même. Dans l'exemple ci-dessus, vous ne pouvez attribuer que des adresses IP statiques de la plage « 192.168.42.2-192.168.42.99 ».

4. **(Important)** Redémarrez le service xl2tpd :

```
service xl2tpd restart
```

▼ Mode IPsec/XAuth (« Cisco IPsec ») : attribuez des adresses IP statiques aux clients VPN.

L'exemple ci-dessous **S'applique UNIQUEMENT** au mode IPsec/XAuth (« Cisco IPsec »). Les commandes doivent être exécutées en tant que « root ».

1. Tout d'abord, créez un nouvel utilisateur VPN pour chaque client VPN auquel vous souhaitez attribuer une adresse IP statique. Reportez-vous au chapitre 9, VPN IPsec : gérer les utilisateurs VPN. Des scripts d'aide sont inclus pour plus de commodité.

2. Modifiez le fichier `/etc/ipsec.conf` sur le serveur VPN. Remplacez `rightaddresspool=192.168.43.10-192.168.43.250` par exemple `rightaddresspool=192.168.43.100-192.168.43.250`. Cela réduit le pool d'adresses IP attribuées automatiquement, de sorte que davantage d'adresses IP sont disponibles pour être attribuées aux clients en tant qu'adresses IP statiques.

3. Modifiez le fichier `/etc/ipsec.d/ikev2.conf` sur le serveur VPN (s'il existe). Remplacez `rightaddresspool=192.168.43.10-192.168.43.250` par la **même valeur** qu'à l'étape précédente.

4. Modifiez `/etc/ipsec.d/passwd` sur le serveur VPN. Par exemple, si le fichier contient :

   ```
   username1:password1hashed:xauth-psk
   username2:password2hashed:xauth-psk
   username3:password3hashed:xauth-psk
   ```

   Supposons que vous souhaitiez attribuer l'adresse IP statique « 192.168.43.2 » à l'utilisateur VPN « username2 » et attribuer l'adresse IP statique « 192.168.43.3 » à l'utilisateur VPN « username3 » tout en conservant « username1 » inchangé (attribution automatique à partir du pool). Après modification, le fichier devrait ressembler à ceci :

   ```
   username1:password1hashed:xauth-psk
   username2:password2hashed:xauth-psk:192.168.42.2
   username3:password3hashed:xauth-psk:192.168.42.3
   ```

   Remarque : les adresses IP statiques attribuées doivent provenir du sous-réseau « 192.168.43.0/24 » et NE doivent PAS provenir du pool d'adresses IP attribuées automatiquement (voir « rightaddresspool » ci-dessus). Dans l'exemple ci-dessus, vous ne pouvez attribuer que des adresses IP statiques de la plage « 192.168.43.1-192.168.43.99 ».

5. **(Important)** Redémarrez le service IPsec :

   ```
   service ipsec restart
   ```

▼ Mode IKEv2 : attribuez des adresses IP statiques aux clients VPN.

L'exemple ci-dessous **S'applique UNIQUEMENT** au mode IKEv2. Les commandes doivent être exécutées en tant que « root ».

1. Tout d'abord, créez un nouveau certificat client IKEv2 pour chaque client auquel vous souhaitez attribuer une adresse IP statique et notez le nom de chaque client IKEv2. Reportez-vous à la section 3.3.1 Ajouter un nouveau client IKEv2.

2. Modifiez le fichier `/etc/ipsec.d/ikev2.conf` sur le serveur VPN. Remplacez `rightaddresspool=192.168.43.10-192.168.43.250` par exemple `rightaddresspool=192.168.43.100-192.168.43.250`. Cela réduit le pool d'adresses IP attribuées automatiquement, de sorte que davantage d'adresses IP sont disponibles pour être attribuées aux clients en tant qu'adresses IP statiques.

3. Modifiez le fichier `/etc/ipsec.conf` sur le serveur VPN. Remplacez `rightaddresspool=192.168.43.10-192.168.43.250` par la **même valeur** qu'à l'étape précédente.

4. Modifiez à nouveau le fichier `/etc/ipsec.d/ikev2.conf` sur le serveur VPN. Par exemple, si le fichier contient :

   ```
   conn ikev2-cp
     left=%defaultroute
     ... ...
   ```

   Supposons que vous souhaitiez attribuer l'adresse IP statique « 192.168.43.4 » au client IKEv2 « client1 », attribuer l'adresse IP statique « 192.168.43.5 » au client « client2 », tout en conservant les autres clients inchangés (attribution automatique à partir du pool). Après modification, le fichier devrait ressembler à ceci :

   ```
   conn ikev2-cp
     left=%defaultroute
     ... ...

   conn ikev2-shared
     # Copiez tout ce qui se trouve dans la section
     # ikev2-cp, à l'exception de :
     # rightid, rightaddresspool, auto=add
   ```

```
conn client1
  rightid=@client1
  rightaddresspool=192.168.43.4-192.168.43.4
  auto=add
  also=ikev2-shared

conn client2
  rightid=@client2
  rightaddresspool=192.168.43.5-192.168.43.5
  auto=add
  also=ikev2-shared
```

Remarque : ajoutez une nouvelle section « conn » pour chaque client auquel vous souhaitez attribuer une adresse IP statique. Vous devez ajouter un préfixe « @ » au nom du client pour « rightid= ». Le nom du client doit correspondre exactement au nom que vous avez spécifié lors de l'ajout du nouveau client IKEv2. Les adresses IP statiques attribuées doivent provenir du sous-réseau « 192.168.43.0/24 » et NE doivent PAS provenir du pool d'adresses IP attribuées automatiquement (voir « rightaddresspool » ci-dessus). Dans l'exemple ci-dessus, vous ne pouvez attribuer que des adresses IP statiques de la plage « 192.168.43.1-192.168.43.99 ».

Remarque : pour les clients Windows 7/8/10/11 et RouterOS, vous devez utiliser une syntaxe différente pour « rightid= ». Par exemple, si le nom du client est « client1 », définissez `rightid="CN=client1, O=IKEv2 VPN"` dans l'exemple ci-dessus.

5. **(Important)** Redémarrez le service IPsec :

```
service ipsec restart
```

Le trafic client à client est autorisé par défaut. Si vous souhaitez **interdire** le trafic client à client, exécutez les commandes suivantes sur le serveur VPN. Ajoutez-les à `/etc/rc.local` pour qu'elles persistent après le redémarrage.

```
iptables -I FORWARD 2 -i ppp+ -o ppp+ -s 192.168.42.0/24 \
  -d 192.168.42.0/24 -j DROP
```

```
iptables -I FORWARD 3 -s 192.168.43.0/24 -d 192.168.43.0/24 \
  -j DROP
iptables -I FORWARD 4 -i ppp+ -d 192.168.43.0/24 -j DROP
iptables -I FORWARD 5 -s 192.168.43.0/24 -o ppp+ -j DROP
```

8.5 Personnaliser les sous-réseaux VPN

Par défaut, les clients VPN IPsec/L2TP utiliseront le sous-réseau VPN interne « 192.168.42.0/24 », tandis que les clients VPN IPsec/XAuth (« Cisco IPsec ») et IKEv2 utiliseront le sous-réseau VPN interne « 192.168.43.0/24 ». Pour plus de détails, lisez la section précédente.

Important : vous ne pouvez spécifier des sous-réseaux personnalisés que **lors de l'installation initiale du VPN**. Si le VPN IPsec est déjà installé, vous **devez** d'abord le désinstaller (voir chapitre 10), puis spécifier des sous-réseaux personnalisés et le réinstaller. Sinon, le VPN risque de cesser de fonctionner.

```
# Exemple : spécifier un sous-réseau VPN personnalisé
#           pour le mode IPsec/L2TP
# Remarque : les trois variables doivent être spécifiées.
sudo VPN_L2TP_NET=10.1.0.0/16 \
VPN_L2TP_LOCAL=10.1.0.1 \
VPN_L2TP_POOL=10.1.0.10-10.1.254.254 \
sh vpn.sh
```

```
# Exemple : spécifiez un sous-réseau VPN personnalisé
#           pour les modes IPsec/XAuth et IKEv2
# Remarque : les deux variables doivent être spécifiées.
sudo VPN_XAUTH_NET=10.2.0.0/16 \
VPN_XAUTH_POOL=10.2.0.10-10.2.254.254 \
sh vpn.sh
```

Dans les exemples ci-dessus, « VPN_L2TP_LOCAL » est l'adresse IP interne du serveur VPN pour le mode IPsec/L2TP. « VPN_L2TP_POOL » et « VPN_XAUTH_POOL » sont les pools d'adresses IP attribuées automatiquement aux clients VPN.

8.6 Redirection de port vers les clients VPN

Dans certaines circonstances, vous souhaiterez peut-être transférer des ports du serveur VPN vers un client VPN connecté. Pour ce faire, ajoutez des règles IPTables sur le serveur VPN.

Avertissement : la redirection de port exposera les ports du client VPN à l'ensemble d'Internet, ce qui peut constituer un **risque de sécurité** ! Cette opération n'est PAS recommandée, sauf si votre cas d'utilisation l'exige.

Remarque : les adresses IP VPN internes attribuées aux clients VPN sont dynamiques et les pare-feu des périphériques clients peuvent bloquer le trafic transféré. Pour attribuer des adresses IP statiques aux clients VPN, consultez la section 8.4 Adresses IP VPN internes et trafic. Pour vérifier quelle adresse IP est attribuée à un client, consultez l'état de la connexion sur le client VPN.

Exemple 1 : transférez le port TCP 443 sur le serveur VPN vers le client IPsec/L2TP à « 192.168.42.10 ».

```
# Obtenir le nom de l'interface réseau par défaut
netif=$(ip -4 route list 0/0 | grep -m 1 -Po '(?<=dev )(\S+)')
iptables -I FORWARD 2 -i "$netif" -o ppp+ -p tcp --dport 443 \
  -j ACCEPT
iptables -t nat -A PREROUTING -i "$netif" -p tcp --dport 443 \
  -j DNAT --to 192.168.42.10
```

Exemple 2 : transférez le port UDP 123 sur le serveur VPN vers le client IKEv2 (ou IPsec/XAuth) à « 192.168.43.10 ».

```
# Obtenir le nom de l'interface réseau par défaut
netif=$(ip -4 route list 0/0 | grep -m 1 -Po '(?<=dev )(\S+)')
iptables -I FORWARD 2 -i "$netif" -d 192.168.43.0/24 \
  -p udp --dport 123 -j ACCEPT
iptables -t nat -A PREROUTING -i "$netif" ! -s 192.168.43.0/24 \
  -p udp --dport 123 -j DNAT --to 192.168.43.10
```

Si vous souhaitez que les règles persistent après le redémarrage, vous pouvez ajouter ces commandes à `/etc/rc.local`. Pour supprimer les règles IPTables ajoutées, exécutez à nouveau les commandes, mais remplacez `-I FORWARD 2` par `-D FORWARD` et remplacez `-A PREROUTING` par `-D PREROUTING`.

8.7 Tunneling fractionné

Avec le tunneling fractionné, les clients VPN envoient uniquement le trafic destiné à un sous-réseau de destination spécifique via le tunnel VPN. Le reste du trafic NE transitera PAS par le tunnel VPN. Cela vous permet d'accéder en toute sécurité à un réseau via votre VPN, sans acheminer tout le trafic de votre client via le VPN. Le tunneling fractionné présente certaines limites et n'est pas pris en charge par tous les clients VPN.

Les utilisateurs avancés peuvent éventuellement activer le tunneling fractionné pour les modes IPsec/XAuth (« Cisco IPsec ») et/ou IKEv2. Le mode IPsec/L2TP ne prend pas en charge cette fonctionnalité (sauf sous Windows, voir ci-dessous).

▼ Mode IPsec/XAuth (« Cisco IPsec ») : activer le tunneling fractionné.

L'exemple ci-dessous **S'applique UNIQUEMENT** au mode IPsec/XAuth (« Cisco IPsec »). Les commandes doivent être exécutées en tant que « root ».

1. Modifiez le fichier `/etc/ipsec.conf` sur le serveur VPN. Dans la section `conn xauth-psk`, remplacez `leftsubnet=0.0.0.0/0` par le sous-réseau par lequel les clients VPN doivent envoyer le trafic via le tunnel VPN. Par exemple :
   Pour un seul sous-réseau :

   ```
   leftsubnet=10.123.123.0/24
   ```

   Pour plusieurs sous-réseaux (utilisez plutôt « leftsubnets ») :

   ```
   leftsubnets="10.123.123.0/24,10.100.0.0/16"
   ```

2. **(Important)** Redémarrez le service IPsec :

   ```
   service ipsec restart
   ```

▼ Mode IKEv2 : activer le tunneling fractionné.

L'exemple ci-dessous **S'applique UNIQUEMENT** au mode IKEv2. Les commandes doivent être exécutées en tant que « root ».

1. Modifiez le fichier `/etc/ipsec.d/ikev2.conf` sur le serveur VPN. Dans la section `conn ikev2-cp`, remplacez `leftsubnet=0.0.0.0/0` par le sous-réseau par lequel les clients VPN doivent envoyer le trafic via le tunnel VPN. Par exemple :
   Pour un seul sous-réseau :

   ```
   leftsubnet=10.123.123.0/24
   ```

   Pour plusieurs sous-réseaux (utilisez plutôt « leftsubnets ») :

   ```
   leftsubnets="10.123.123.0/24,10.100.0.0/16"
   ```

2. **(Important)** Redémarrez le service IPsec :

   ```
   service ipsec restart
   ```

Remarque : les utilisateurs avancés peuvent définir une configuration de tunneling fractionné différente pour des clients IKEv2 spécifiques. Reportez-vous à « Mode IKEv2 : attribution d'adresses IP statiques aux clients VPN » dans la section 8.4 Adresses IP et trafic VPN internes. Sur la base de l'exemple fourni dans cette section, vous pouvez ajouter l'option « leftsubnet=... » à la section « conn » du client IKEv2 spécifique, puis redémarrer le service IPsec.

Alternativement, les utilisateurs Windows peuvent activer le tunneling fractionné en ajoutant manuellement des itinéraires :

1. Cliquez avec le bouton droit sur l'icône sans fil/réseau dans la barre d'état système.
2. **Windows 11+ :** sélectionnez **Paramètres réseau et Internet**, puis sur la page qui s'ouvre, cliquez sur **Paramètres réseau avancés**. Cliquez sur **Options d'adaptateur réseau supplémentaires**.
   Windows 10 : sélectionnez **Ouvrir les paramètres réseau et Internet**, puis sur la page qui s'ouvre, cliquez sur **Centre Réseau et partage**. Sur la gauche, cliquez sur **Modifier les paramètres de la carte**.

Windows 8/7 : sélectionnez **Ouvrir le Centre Réseau et partage**. Sur la gauche, cliquez sur **Modifier les paramètres de la carte**.

3. Cliquez avec le bouton droit sur la nouvelle connexion VPN et choisissez **Propriétés**.
4. Cliquez sur l'onglet **Gestion de réseau**. Sélectionnez **Internet Protocol Version 4 (TCP/IPv4)**, puis cliquez sur **Propriétés**.
5. Cliquez sur **Avancé**. Décochez **Utiliser la passerelle par défaut pour le réseau distant**.
6. Cliquez sur **OK** pour fermer la fenêtre **Propriétés**.
7. **(Important)** Déconnectez le VPN, puis reconnectez-le.
8. Supposons que le sous-réseau par lequel vous souhaitez que les clients VPN envoient du trafic via le tunnel VPN soit « 10.123.123.0/24 ». Ouvrez une invite de commande avec privilèges élevés et exécutez l'une des commandes suivantes :

   Pour les modes IKEv2 et IPsec/XAuth (« Cisco IPsec ») :

   ```
   route add -p 10.123.123.0 mask 255.255.255.0 192.168.43.1
   ```

   Pour le mode IPsec/L2TP :

   ```
   route add -p 10.123.123.0 mask 255.255.255.0 192.168.42.1
   ```

9. Une fois l'opération terminée, les clients VPN enverront le trafic via le tunnel VPN uniquement pour le sous-réseau spécifié. Le reste du trafic contournera le VPN.

8.8 Accéder au sous-réseau du serveur VPN

Une fois connectés au VPN, les clients VPN peuvent généralement accéder aux services exécutés sur d'autres appareils qui se trouvent dans le même sous-réseau local que le serveur VPN, sans configuration supplémentaire. Par exemple, si le sous-réseau local du serveur VPN est « 192.168.0.0/24 » et qu'un serveur Nginx s'exécute sur l'adresse IP « 192.168.0.2 », les clients VPN peuvent utiliser l'adresse IP « 192.168.0.2 » pour accéder au serveur Nginx.

Veuillez noter qu'une configuration supplémentaire est requise si le serveur VPN possède plusieurs interfaces réseau (par exemple, « eth0 » et « eth1 ») et que vous souhaitez que les clients VPN accèdent au sous-réseau local derrière l'interface réseau qui n'est PAS destinée à l'accès à Internet. Dans ce scenario, vous devez exécuter les commandes suivantes pour ajouter des règles IPTables. Pour conserver ces règles après le redémarrage, vous pouvez ajouter ces commandes à « /etc/rc.local ».

```
# Remplacez eth1 par le nom de l'interface réseau
# sur le serveur VPN auquel vous souhaitez que les
# clients VPN accèdent
netif=eth1
iptables -I FORWARD 2 -i "$netif" -o ppp+ -m conntrack \
  --ctstate RELATED,ESTABLISHED -j ACCEPT
iptables -I FORWARD 2 -i ppp+ -o "$netif" -j ACCEPT
iptables -I FORWARD 2 -i "$netif" -d 192.168.43.0/24 \
  -m conntrack --ctstate RELATED,ESTABLISHED -j ACCEPT
iptables -I FORWARD 2 -s 192.168.43.0/24 -o "$netif" -j ACCEPT
iptables -t nat -I POSTROUTING -s 192.168.43.0/24 -o "$netif" \
  -m policy --dir out --pol none -j MASQUERADE
iptables -t nat -I POSTROUTING -s 192.168.42.0/24 -o "$netif" \
  -j MASQUERADE
```

8.9 Accéder aux clients VPN depuis le sous-réseau du serveur

Dans certaines circonstances, vous devrez peut-être accéder aux services des clients VPN à partir d'autres appareils qui se trouvent sur le même sous-réseau local que le serveur VPN. Pour cela, procédez comme suit.

Supposons que l'IP du serveur VPN est « 10.1.0.2 » et que l'IP de l'appareil à partir duquel vous souhaitez accéder aux clients VPN est « 10.1.0.3 ».

1. Ajoutez des règles IPTables sur le serveur VPN pour autoriser ce trafic. Par exemple :

   ```
   # Obtenir le nom de l'interface réseau par défaut
   netif=$(ip -4 route list 0/0 | grep -m 1 -Po '(?<=dev )(\S+)')
   iptables -I FORWARD 2 -i "$netif" -o ppp+ -s 10.1.0.3 -j ACCEPT
   iptables -I FORWARD 2 -i "$netif" -d 192.168.43.0/24 \
     -s 10.1.0.3 -j ACCEPT
   ```

2. Ajoutez des règles de routage sur l'appareil sur lequel vous souhaitez accéder aux clients VPN. Par exemple :

```
# Remplacez eth0 par le nom de l'interface réseau
# du sous-réseau local de l'appareil
route add -net 192.168.42.0 netmask 255.255.255.0 \
  gw 10.1.0.2 dev eth0
route add -net 192.168.43.0 netmask 255.255.255.0 \
  gw 10.1.0.2 dev eth0
```

Pour en savoir plus sur les adresses IP VPN internes, consultez la section 8.4 Adresses IP VPN internes et trafic.

8.10 Spécifiez l'IP publique du serveur VPN

Sur les serveurs dotés de plusieurs adresses IP publiques, les utilisateurs avancés peuvent spécifier une adresse IP publique pour le serveur VPN à l'aide de la variable « VPN_PUBLIC_IP ». Par exemple, si le serveur possède les adresses IP « 192.0.2.1 » et « 192.0.2.2 » et que vous souhaitez que le serveur VPN utilise « 192.0.2.2 » :

```
sudo VPN_PUBLIC_IP=192.0.2.2 sh vpn.sh
```

Notez que cette variable n'a aucun effet sur le mode IKEv2, si IKEv2 est déjà configuré sur le serveur. Dans ce cas, vous pouvez supprimer IKEv2 et le configurer à nouveau à l'aide d'options personnalisées. Reportez-vous à la section 3.6 Configuration d'IKEv2 à l'aide d'un script d'aide.

Une configuration supplémentaire peut être requise si vous souhaitez que les clients VPN utilisent l'adresse IP publique spécifiée comme « adresse IP sortante » lorsque la connexion VPN est active et que l'adresse IP spécifiée n'est PAS l'adresse IP principale (ou la route par défaut) sur le serveur. Dans ce cas, vous devrez peut-être modifier les règles IPTables sur le serveur. Pour conserver la configuration après le redémarrage, vous pouvez ajouter ces commandes à `/etc/rc.local`.

Pour continuer avec l'exemple ci-dessus, si vous souhaitez que l'« IP sortante » soit « 192.0.2.2 » :

```
# Obtenir le nom de l'interface réseau par défaut
netif=$(ip -4 route list 0/0 | grep -m 1 -Po '(?<=dev )(\S+)')
# Supprimer les règles MASQUERADE
iptables -t nat -D POSTROUTING -s 192.168.43.0/24 -o "$netif" \
  -m policy --dir out --pol none -j MASQUERADE
iptables -t nat -D POSTROUTING -s 192.168.42.0/24 -o "$netif" \
  -j MASQUERADE
# Ajouter des règles SNAT
iptables -t nat -I POSTROUTING -s 192.168.43.0/24 -o "$netif" \
  -m policy --dir out --pol none -j SNAT --to 192.0.2.2
iptables -t nat -I POSTROUTING -s 192.168.42.0/24 -o "$netif" \
  -j SNAT --to 192.0.2.2
```

Remarque : la méthode ci-dessus s'applique uniquement si l'interface réseau par défaut du serveur VPN correspond à plusieurs adresses IP publiques. Cette méthode peut ne pas fonctionner si le serveur dispose de plusieurs interfaces réseau, chacune avec une adresse IP publique différente.

Pour vérifier « l'adresse IP sortante » d'un client VPN connecté, vous pouvez ouvrir un navigateur sur le client et rechercher l'adresse IP sur Google.

8.11 Modifier les règles IPTables

Pour modifier les règles IPTables après l'installation, éditez `/etc/iptables.rules` et/ou `/etc/iptables/rules.v4` (Ubuntu/Debian), ou `/etc/sysconfig/iptables` (CentOS/RHEL). Redémarrez ensuite votre serveur.

Remarque : si votre serveur exécute CentOS Linux (ou similaire) et que firewalld était actif pendant la configuration du VPN, nftables peut être configuré. Dans ce cas, modifiez `/etc/sysconfig/nftables.conf` au lieu de `/etc/sysconfig/iptables`.

9 VPN IPsec : gérer les utilisateurs VPN

Par défaut, un seul compte utilisateur est créé pour la connexion VPN. Si vous souhaitez afficher ou gérer les utilisateurs pour les modes IPsec/L2TP et IPsec/XAuth (« Cisco IPsec »), lisez ce chapitre. Pour IKEv2, consultez la section 3.3 Gérer les clients IKEv2.

9.1 Gérer les utilisateurs VPN à l'aide de scripts d'aide

Vous pouvez utiliser des scripts d'aide pour ajouter, supprimer ou mettre à jour des utilisateurs VPN pour les modes IPsec/L2TP et IPsec/XAuth (« Cisco IPsec »). Pour IKEv2, voir la section 3.3 Gérer les clients IKEv2.

Remarque : remplacez les arguments de commande ci-dessous par vos propres valeurs. Les utilisateurs VPN sont stockés dans `/etc/ppp/chap-secrets` et `/etc/ipsec.d/passwd`. Les scripts sauvegardent ces fichiers avant d'effectuer des modifications, avec le suffixe `.old-date-time`.

9.1.1 Ajouter ou modifier un utilisateur VPN

Ajoutez un nouvel utilisateur VPN ou mettez à jour un utilisateur VPN existant avec un nouveau mot de passe.

Exécutez le script d'aide et suivez les instructions :

```
sudo addvpnuser.sh
```

Alternativement, vous pouvez exécuter le script avec les arguments :

```
# Toutes les valeurs DOIVENT être placées
# entre 'guillemets simples'
# N'utilisez PAS ces caractères spéciaux dans les valeurs : \ " '
sudo addvpnuser.sh 'username_to_add' 'password'
# OU
sudo addvpnuser.sh 'username_to_update' 'new_password'
```

9.1.2 Supprimer un utilisateur VPN

Supprimer l'utilisateur VPN spécifié.

Exécutez le script d'aide et suivez les instructions :

```
sudo delvpnuser.sh
```

Alternativement, vous pouvez exécuter le script avec les arguments :

```
# Toutes les valeurs DOIVENT être placées
# entre 'guillemets simples'
# N'utilisez PAS ces caractères spéciaux dans les valeurs : \ " '
sudo delvpnuser.sh 'username_to_delete'
```

9.1.3 Mettre à jour tous les utilisateurs VPN

Supprimez **tous les utilisateurs VPN existants** et remplacez-les par la liste des utilisateurs que vous spécifiez.

Tout d'abord, téléchargez le script d'aide :

```
wget https://get.vpnsetup.net/updateusers -O updateusers.sh
```

Important : ce script supprimera **tous les utilisateurs VPN existants** et les remplacera par la liste des utilisateurs que vous spécifiez. Par conséquent, vous devez inclure tous les utilisateurs existants que vous souhaitez conserver dans les variables ci-dessous.

Pour utiliser ce script, choisissez l'une des options suivantes :

Option 1 : modifiez le script et saisissez les détails de l'utilisateur VPN :

```
nano -w updateusers.sh
# [Remplacez par vos propres valeurs : YOUR_USERNAMES
# et YOUR_PASSWORDS]
sudo bash updateusers.sh
```

Option 2 : définir les détails de l'utilisateur VPN comme variables d'environnement :

```
# Liste des noms d'utilisateur et mots de passe VPN,
# séparés par des espaces
# Toutes les valeurs DOIVENT être placées
# entre 'guillemets simples'
# N'utilisez PAS ces caractères spéciaux dans les valeurs : \ " '
sudo \
VPN_USERS='username1 username2 ...' \
VPN_PASSWORDS='password1 password2 ...' \
bash updateusers.sh
```

9.2 Afficher les utilisateurs VPN

Par défaut, les scripts de configuration VPN créeront le même utilisateur VPN pour les modes IPsec/L2TP et IPsec/XAuth (« Cisco IPsec »).

Pour IPsec/L2TP, les utilisateurs VPN sont spécifiés dans `/etc/ppp/chap-secrets`. Le format de ce fichier est :

```
"username1"  l2tpd  "password1"  *
"username2"  l2tpd  "password2"  *
... ...
```

Pour IPsec/XAuth (« Cisco IPsec »), les utilisateurs VPN sont spécifiés dans `/etc/ipsec.d/passwd`. Les mots de passe de ce fichier sont salés et hachés. Voir la section 9.4 Gérer manuellement les utilisateurs VPN pour plus de détails.

9.3 Afficher ou mettre à jour le PSK IPsec

La clé PSK IPsec (clé pré-partagée) est stockée dans `/etc/ipsec.secrets`. Tous les utilisateurs VPN partageront la même clé PSK IPsec. Le format de ce fichier est :

```
%any  %any  : PSK "your_ipsec_pre_shared_key"
```

Pour passer à un nouveau PSK, il suffit de modifier ce fichier. N'utilisez PAS ces caractères spéciaux dans les valeurs : `\ " '`

Vous devez redémarrer les services une fois terminé :

```
service ipsec restart
service xl2tpd restart
```

9.4 Gérer manuellement les utilisateurs VPN

Pour IPsec/L2TP, les utilisateurs VPN sont spécifiés dans `/etc/ppp/chap-secrets`. Le format de ce fichier est :

```
"username1"  l2tpd  "password1"  *
"username2"  l2tpd  "password2"  *
... ...
```

Vous pouvez ajouter plus d'utilisateurs, utilisez une ligne pour chaque utilisateur. N'utilisez PAS ces caractères spéciaux dans les valeurs : `\ " '`

Pour IPsec/XAuth (« Cisco IPsec »), les utilisateurs VPN sont spécifiés dans `/etc/ipsec.d/passwd`. Le format de ce fichier est :

```
username1:password1hashed:xauth-psk
username2:password2hashed:xauth-psk
... ...
```

Les mots de passe de ce fichier sont salés et hachés. Cette étape peut être réalisée en utilisant par exemple l'utilitaire `openssl` :

```
# La sortie sera password1hashed
# Mettez votre mot de passe entre 'guillemets simples'
openssl passwd -1 'password1'
```

10 VPN IPsec : désinstaller le VPN

10.1 Désinstaller à l'aide d'un script d'aide

Pour désinstaller le VPN IPsec, exécutez le script d'aide :

Attention : ce script d'aide supprimera le VPN IPsec de votre serveur. Toute la configuration VPN sera **définitivement supprimée**, et Libreswan et xl2tpd seront supprimés. Cette opération **ne peut pas être annulée** !

```
wget https://get.vpnsetup.net/unst -O unst.sh && sudo bash unst.sh
```

▼ Si vous ne parvenez pas à télécharger, suivez les étapes ci-dessous.

Vous pouvez également utiliser `curl` pour télécharger :

```
curl -fsSL https://get.vpnsetup.net/unst -o unst.sh
sudo bash unst.sh
```

URL de téléchargement alternatives :

```
https://github.com/hwdsl2/setup-ipsec-
vpn/raw/master/extras/vpnuninstall.sh
https://gitlab.com/hwdsl2/setup-ipsec-
vpn/-/raw/master/extras/vpnuninstall.sh
```

10.2 Désinstaller manuellement le VPN

Vous pouvez également désinstaller manuellement le VPN IPsec en suivant ces étapes. Les commandes doivent être exécutées en tant que « root » ou avec « sudo ».

Attention : ces étapes supprimeront le VPN IPsec de votre serveur. Toute la configuration VPN sera **définitivement supprimée**, et Libreswan et xl2tpd seront supprimés. Cette opération **ne peut pas être annulée** !

10.2.0.1 Première étape

```
service ipsec stop
service xl2tpd stop
rm -rf /usr/local/sbin/ipsec /usr/local/libexec/ipsec \
       /usr/local/share/doc/libreswan
rm -f /etc/init/ipsec.conf /lib/systemd/system/ipsec.service \
      /etc/init.d/ipsec /usr/lib/systemd/system/ipsec.service \
      /etc/logrotate.d/libreswan \
      /usr/lib/tmpfiles.d/libreswan.conf
```

10.2.0.2 Deuxième étape

Ubuntu et Debian

```
apt-get purge xl2tpd
```

CentOS/RHEL, Rocky Linux, AlmaLinux, Oracle Linux et Amazon Linux 2

```
yum remove xl2tpd
```

Linux alpin

```
apk del xl2tpd
```

10.2.0.3 Troisième étape

Ubuntu, Debian et Alpine Linux

Modifiez `/etc/iptables.rules` et supprimez les règles inutiles. Vos règles d'origine (le cas échéant) sont sauvegardées sous le nom `/etc/iptables.rules.old-date-time`. De plus, modifiez `/etc/iptables/rules.v4` si le fichier existe.

CentOS/RHEL, Rocky Linux, AlmaLinux, Oracle Linux et Amazon Linux 2

Modifiez `/etc/sysconfig/iptables` et supprimez les règles inutiles. Vos règles d'origine (le cas échéant) sont sauvegardées sous le nom `/etc/sysconfig/iptables.old-date-time`.

Remarque : si vous utilisez Rocky Linux, AlmaLinux, Oracle Linux 8 ou CentOS/RHEL 8 et que firewalld était actif pendant la configuration du VPN, nftables peut être configuré. Modifiez `/etc/sysconfig/nftables.conf` et supprimez les règles inutiles. Vos règles d'origine sont sauvegardées sous le nom `/etc/sysconfig/nftables.conf.old-date-time`.

10.2.0.4 Quatrième étape

Modifiez `/etc/sysctl.conf` et supprimez les lignes après `# Added by hwdsl2 VPN script`.
Modifiez `/etc/rc.local` et supprimez les lignes après `# Added by hwdsl2 VPN script`. NE supprimez PAS `exit 0` (le cas échéant).

10.2.0.5 Facultatif

Remarque : cette étape est facultative.

Supprimez ces fichiers de configuration :

- /etc/ipsec.conf*
- /etc/ipsec.secrets*
- /etc/ppp/chap-secrets*
- /etc/ppp/options.xl2tpd*
- /etc/pam.d/pluto
- /etc/sysconfig/pluto
- /etc/default/pluto
- /etc/ipsec.d (répertoire)
- /etc/xl2tpd (répertoire)

```
rm -f /etc/ipsec.conf* /etc/ipsec.secrets* \
      /etc/ppp/chap-secrets* \
      /etc/ppp/options.xl2tpd* \
      /etc/pam.d/pluto /etc/sysconfig/pluto \
      /etc/default/pluto
rm -rf /etc/ipsec.d /etc/xl2tpd
```

Supprimer les scripts d'aide :

```
rm -f /usr/bin/ikev2.sh /opt/src/ikev2.sh \
      /usr/bin/addvpnuser.sh /opt/src/addvpnuser.sh \
      /usr/bin/delvpnuser.sh /opt/src/delvpnuser.sh
```

Supprimer fail2ban :

Remarque : ceci est facultatif. Fail2ban peut aider à protéger SSH sur votre serveur. Sa suppression n'est PAS recommandée.

```
service fail2ban stop
# Ubuntu et Debian
apt-get purge fail2ban
# CentOS/RHEL, Rocky Linux, AlmaLinux,
# Oracle Linux et Amazon Linux 2
yum remove fail2ban
# Alpine Linux
apk del fail2ban
```

10.2.0.6 Une fois terminé

Redémarrez votre serveur.

11 Créez votre propre serveur VPN IPsec sur Docker

Voir ce projet sur le Web : https://github.com/hwdsl2/docker-ipsec-vpn-server

Utilisez cette image Docker pour exécuter un serveur VPN IPsec, avec IPsec/L2TP, Cisco IPsec et IKEv2.

Cette image est basée sur Alpine ou Debian Linux avec Libreswan (logiciel VPN IPsec) et xl2tpd (démon L2TP).

11.1 Caractéristiques

- Prend en charge IKEv2 avec des chiffrements forts et rapides (par exemple AES-GCM)
- Génère des profils VPN pour configurer automatiquement les appareils iOS, macOS et Android
- Prend en charge Windows, macOS, iOS, Android, Chrome OS et Linux en tant que clients VPN
- Inclut un script d'aide pour gérer les utilisateurs et les certificats IKEv2

11.2 Démarrage rapide

Utilisez cette commande pour configurer un serveur VPN IPsec sur Docker :

```
docker run \
    --name ipsec-vpn-server \
    --restart=always \
    -v ikev2-vpn-data:/etc/ipsec.d \
    -v /lib/modules:/lib/modules:ro \
    -p 500:500/udp \
    -p 4500:4500/udp \
    -d --privileged \
    hwdsl2/ipsec-vpn-server
```

Vos identifiants de connexion VPN seront générés de manière aléatoire. Voir la section 11.5.3 Récupérer les identifiants de connexion VPN.

Pour en savoir plus sur la façon d'utiliser cette image, lisez les sections ci-dessous.

11.3 Installer Docker

Tout d'abord, installez Docker (https://docs.docker.com/engine/install/) sur votre serveur Linux. Vous pouvez également utiliser Podman pour exécuter cette image, après avoir créé un alias (https://podman.io/whatis.html) pour `docker`.

Les utilisateurs avancés peuvent utiliser cette image sur macOS avec Docker pour Mac. Avant d'utiliser le mode IPsec/L2TP, vous devrez peut-être redémarrer le conteneur Docker une fois avec « docker restart ipsec-vpn-server ». Cette image ne prend pas en charge Docker pour Windows.

11.4 Télécharger

Obtenez la version approuvée à partir du registre Docker Hub (https://hub.docker.com/r/hwdsl2/ipsec-vpn-server/) :

```
docker pull hwdsl2/ipsec-vpn-server
```

Vous pouvez également télécharger depuis Quay.io (https://quay.io/repository/hwdsl2/ipsec-vpn-server) :

```
docker pull quay.io/hwdsl2/ipsec-vpn-server
docker image tag quay.io/hwdsl2/ipsec-vpn-server \
  hwdsl2/ipsec-vpn-server
```

Plateformes prises en charge : `linux/amd64`, `linux/arm64` et `linux/arm/v7`.

Les utilisateurs avancés peuvent construire à partir du code source sur GitHub. Voir la section 12.11 pour plus de détails.

11.4.1 Comparaison d'images

Deux images prédéfinies sont disponibles. Au moment de la rédaction de cet article, l'image par défaut basée sur Alpine ne fait que ~18 Mo.

	Basé sur Alpine	**Basé sur Debian**
Nom de l'image	hwdsl2/ipsec-vpn-server	hwdsl2/ipsec-vpn-server:debian
Taille compressée	~ 18 Mo	~ 63 Mo
Image de base	Alpine Linux	Debian Linux
Plateformes	amd64, arm64, arm/v7	amd64, arm64, arm/v7
IPsec/L2TP	✔	✔
Cisco IPsec	✔	✔
IKEv2	✔	✔

Remarque : pour utiliser l'image basée sur Debian, remplacez chaque « hwdsl2/ipsec-vpn-server » par « hwdsl2/ipsec-vpn-server:debian » dans ce chapitre.

11.5 Comment utiliser cette image

11.5.1 Variables d'environnement

Remarque : toutes les variables de cette image sont facultatives, ce qui signifie que vous n'avez pas besoin de saisir de variable et que vous pouvez disposer d'un serveur VPN IPsec prêt à l'emploi ! Pour ce faire, créez un fichier `env` vide à l'aide de `touch vpn.env` et passez à la section suivante.

Cette image Docker utilise les variables suivantes, qui peuvent être déclarées dans un fichier `env`. Voir la section 11.11 pour un exemple de fichier `env`.

```
VPN_IPSEC_PSK=your_ipsec_pre_shared_key
VPN_USER=your_vpn_username
VPN_PASSWORD=your_vpn_password
```

Cela créera un compte utilisateur pour la connexion VPN, qui peut être utilisé par vos différents appareils. La clé pré-partagée IPsec PSK (pré-partagée) est spécifiée par la variable d'environnement `VPN_IPSEC_PSK`. Le nom d'utilisateur VPN est défini dans `VPN_USER` et le mot de passe VPN est spécifié par `VPN_PASSWORD`.

Des utilisateurs VPN supplémentaires sont pris en charge et peuvent être éventuellement déclarés dans votre fichier « env » comme ceci. Les noms d'utilisateur et les mots de passe doivent être séparés par des espaces et les noms d'utilisateur ne peuvent pas contenir de doublons. Tous les utilisateurs VPN partageront le même PSK IPsec.

```
VPN_ADDL_USERS=additional_username_1 additional_username_2
VPN_ADDL_PASSWORDS=additional_password_1 additional_password_2
```

Remarque : dans votre fichier `env`, NE placez PAS `""` ou `''` autour des valeurs, et n'ajoutez pas d'espace autour de `=`. N'utilisez PAS ces caractères spéciaux dans les valeurs : `\ " '`. Un PSK IPsec sécurisé doit être composé d'au moins 20 caractères aléatoires.

Remarque : si vous modifiez le fichier « env » après la création du conteneur Docker, vous devez supprimer et recréer le conteneur pour que les modifications prennent effet. Reportez-vous à la section 11.8 Mettre à jour l'image Docker.

▼ Vous pouvez éventuellement spécifier un nom DNS, un nom de client et/ou des serveurs DNS personnalisés.

Les utilisateurs avancés peuvent éventuellement spécifier un nom DNS pour l'adresse du serveur IKEv2. Le nom DNS doit être un nom de domaine complet (FQDN). Exemple :

```
VPN_DNS_NAME=vpn.example.com
```

Vous pouvez spécifier un nom pour le premier client IKEv2. Utilisez un seul mot, aucun caractère spécial à l'exception de « - » et « _ ». La valeur par défaut est `vpnclient` si elle n'est pas spécifiée.

```
VPN_CLIENT_NAME=your_client_name
```

Par défaut, les clients sont configurés pour utiliser Google Public DNS lorsque le VPN est actif. Vous pouvez spécifier des serveurs DNS personnalisés pour tous les modes VPN. Exemple :

```
VPN_DNS_SRV1=1.1.1.1
VPN_DNS_SRV2=1.0.0.1
```

Par défaut, aucun mot de passe n'est requis lors de l'importation de la configuration client IKEv2. Vous pouvez choisir de protéger les fichiers de configuration client à l'aide d'un mot de passe aléatoire.

```
VPN_PROTECT_CONFIG=yes
```

Remarque : les variables ci-dessus n'ont aucun effet sur le mode IKEv2, si IKEv2 est déjà configuré dans le conteneur Docker. Dans ce cas, vous pouvez supprimer IKEv2 et le configurer à nouveau à l'aide d'options personnalisées. Reportez-vous à la section 11.9 Configurer et utiliser le VPN IKEv2.

11.5.2 Démarrer le serveur VPN IPsec

Créez un nouveau conteneur Docker à partir de cette image (remplacez `./vpn.env` par votre propre fichier `env`) :

```
docker run \
    --name ipsec-vpn-server \
    --env-file ./vpn.env \
    --restart=always \
    -v ikev2-vpn-data:/etc/ipsec.d \
    -v /lib/modules:/lib/modules:ro \
    -p 500:500/udp \
    -p 4500:4500/udp \
    -d --privileged \
    hwdsl2/ipsec-vpn-server
```

Dans cette commande, nous utilisons l'option `-v` de `docker run` pour créer un nouveau volume Docker nommé `ikev2-vpn-data` et le monter dans `/etc/ipsec.d` dans le conteneur. Les données liées à IKEv2 telles que les certificats et les clés persisteront dans le volume et, plus tard, lorsque vous aurez besoin de recréer le conteneur Docker, spécifiez simplement à nouveau le même volume.

Il est recommandé d'activer IKEv2 lors de l'utilisation de cette image. Cependant, si vous préférez ne pas activer IKEv2 et utiliser uniquement les modes IPsec/L2TP et IPsec/XAuth (« Cisco IPsec ») pour vous connecter au VPN, supprimez la première option `-v` de la commande `docker run` ci-dessus.

Remarque : les utilisateurs avancés peuvent également exécuter l'application sans mode privilégié. Voir la section 12.2 pour plus de détails.

11.5.3 Récupérer les informations de connexion VPN

Si vous n'avez pas spécifié de fichier `env` dans la commande `docker run` ci-dessus, `VPN_USER` sera par défaut `vpnuser` et `VPN_IPSEC_PSK` et `VPN_PASSWORD` seront générés de manière aléatoire. Pour les récupérer, consultez les journaux du conteneur :

```
docker logs ipsec-vpn-server
```

Recherchez ces lignes dans la sortie :

```
Connect to your new VPN with these details:

Server IP: your_vpn_server_ip
IPsec PSK: your_ipsec_pre_shared_key
Username: your_vpn_username
Password: your_vpn_password
```

La sortie inclura également des détails sur le mode IKEv2, s'il est activé.

(Facultatif) Sauvegardez les informations de connexion VPN générées (le cas échéant) dans le répertoire actuel :

```
docker cp ipsec-vpn-server:/etc/ipsec.d/vpn-gen.env ./
```

11.6 Étapes suivantes

Configurez votre ordinateur ou votre appareil pour utiliser le VPN. Voir :

11.9 Configurer et utiliser le VPN IKEv2 (recommandé)
5 Configurer les clients VPN IPsec/L2TP
6 Configurer les clients VPN IPsec/XAuth (« Cisco IPsec »)

Profitez de votre propre VPN !

11.7 Remarques importantes

Utilisateurs Windows : pour le mode IPsec/L2TP, une modification ponctuelle du registre (voir section 7.3.1) est requise si le serveur ou le client VPN se trouve derrière NAT (par exemple, un routeur domestique).

Le même compte VPN peut être utilisé sur plusieurs de vos appareils. Cependant, en raison d'une limitation IPsec/L2TP, si vous souhaitez connecter plusieurs appareils derrière le même NAT (par exemple un routeur domestique), vous devez utiliser le mode IKEv2 ou IPsec/XAuth.

Si vous souhaitez ajouter, modifier ou supprimer des comptes d'utilisateur VPN, mettez d'abord à jour votre fichier env, puis vous devez supprimer et recréer le conteneur Docker en suivant les instructions de la section suivante. Les utilisateurs avancés peuvent effectuer un montage lié du fichier env. Voir la section 12.13 pour plus de détails.

Pour les serveurs dotés d'un pare-feu externe (par exemple EC2/GCE), ouvrez les ports UDP 500 et 4500 pour le VPN.

Les clients sont configurés pour utiliser Google Public DNS lorsque le VPN est actif. Si un autre fournisseur DNS est préféré, consultez le chapitre 12, Docker VPN : utilisation avancée.

11.8 Mettre à jour l'image Docker

Pour mettre à jour l'image et le conteneur Docker, téléchargez d'abord la dernière version :

```
docker pull hwdsl2/ipsec-vpn-server
```

Si l'image Docker est déjà à jour, vous devriez voir :

```
Status: Image is up to date for hwdsl2/ipsec-vpn-server:latest
```

Sinon, il téléchargera la dernière version. Pour mettre à jour votre conteneur Docker, notez d'abord tous vos détails de connexion VPN (voir la section 11.5.3). Supprimez ensuite le conteneur Docker avec `docker rm -f ipsec-vpn-server`. Enfin, recréez-le en suivant les instructions de la section 11.5 Comment utiliser cette image.

11.9 Configurer et utiliser le VPN IKEv2

Le mode IKEv2 présente des améliorations par rapport à IPsec/L2TP et IPsec/XAuth (« Cisco IPsec ») et ne nécessite pas de clé PSK IPsec, de nom d'utilisateur ou de mot de passe. Pour en savoir plus, consultez le chapitre 3, Guide : comment configurer et utiliser le VPN IKEv2.

Tout d'abord, vérifiez les journaux du conteneur pour afficher les détails d'IKEv2 :

```
docker logs ipsec-vpn-server
```

Remarque : si vous ne trouvez pas les détails d'IKEv2, il se peut que IKEv2 ne soit pas activé dans le conteneur. Essayez de mettre à jour l'image Docker et le conteneur en suivant les instructions de la section 11.8 Mettre à jour l'image Docker.

Lors de la configuration d'IKEv2, un client IKEv2 (avec le nom par défaut `vpnclient`) est créé, avec sa configuration exportée vers `/etc/ipsec.d` **à l'intérieur du conteneur**. Pour copier le(s) fichier(s) de configuration sur l'hôte Docker :

```
# Vérifiez le contenu de /etc/ipsec.d dans le conteneur
docker exec -it ipsec-vpn-server ls -l /etc/ipsec.d
# Exemple : copier un fichier de configuration client du
# conteneur vers le répertoire actuel sur l'hôte Docker
docker cp ipsec-vpn-server:/etc/ipsec.d/vpnclient.p12 ./
```

Étapes suivantes : configurez vos appareils pour utiliser le VPN IKEv2. Voir la section 3.2 pour plus de détails.

▼ Découvrez comment gérer les clients IKEv2.

Vous pouvez gérer les clients IKEv2 à l'aide du script d'aide. Voir les exemples ci-dessous. Pour personnaliser les options du client, exécutez le script sans arguments.

```
# Ajouter un nouveau client (en utilisant les options par défaut)
docker exec -it ipsec-vpn-server ikev2.sh \
  --addclient [nom du client]
# Exporter la configuration d'un client existant
docker exec -it ipsec-vpn-server ikev2.sh \
  --exportclient [nom du client]
# Lister les clients existants
docker exec -it ipsec-vpn-server ikev2.sh --listclients
# Afficher l'utilisation
docker exec -it ipsec-vpn-server ikev2.sh -h
```

Remarque : si vous rencontrez l'erreur « fichier exécutable non trouvé », remplacez « ikev2.sh » ci-dessus par « /opt/src/ikev2.sh ».

▼ Découvrez comment modifier l'adresse du serveur IKEv2.

Dans certaines circonstances, vous devrez peut-être modifier l'adresse du serveur IKEv2. Par exemple, pour passer à l'utilisation d'un nom DNS ou après des modifications de l'adresse IP du serveur. Pour modifier l'adresse du serveur IKEv2, ouvrez d'abord un shell bash à l'intérieur du conteneur (voir la section 12.12), puis suivez les instructions de la section 3.4. Notez que les journaux du conteneur n'afficheront pas la nouvelle adresse du serveur IKEv2 tant que vous n'aurez pas redémarré le conteneur Docker.

▼ Supprimez IKEv2 et configurez-le à nouveau à l'aide d'options personnalisées.

Dans certaines circonstances, vous devrez peut-être supprimer IKEv2 et le configurer à nouveau à l'aide d'options personnalisées.

Attention : toutes les configurations IKEv2, y compris les certificats et les clés, seront **supprimées définitivement**. Cette opération **ne peut pas être annulée** !

Option 1 : supprimez IKEv2 et configurez-le à nouveau à l'aide du script d'aide.

Notez que cela remplacera les variables que vous avez spécifiées dans le fichier `env`, telles que `VPN_DNS_NAME` et `VPN_CLIENT_NAME`, et les journaux du conteneur n'afficheront plus d'informations à jour pour IKEv2.

```
# Supprimer IKEv2 et supprimer toute la configuration IKEv2
docker exec -it ipsec-vpn-server ikev2.sh --removeikev2
# Configurer à nouveau IKEv2 à l'aide d'options personnalisées
docker exec -it ipsec-vpn-server ikev2.sh
```

Option 2 : supprimez « ikev2-vpn-data » et recréez le conteneur.

1. Notez tous vos détails de connexion VPN (voir section 11.5.3).
2. Supprimez le conteneur Docker : `docker rm -f ipsec-vpn-server`.
3. Supprimez le volume « ikev2-vpn-data » : `docker volume rm ikev2-vpn-data`.
4. Mettez à jour votre fichier `env` et ajoutez des options IKEv2 personnalisées telles que `VPN_DNS_NAME` et `VPN_CLIENT_NAME`, puis recréez le conteneur. Reportez-vous à la section 11.5 Comment utiliser cette image.

11.10 Détails techniques

Il existe deux services en cours d'exécution : « Libreswan (pluto) » pour le VPN IPsec et « xl2tpd » pour le support L2TP.

La configuration IPsec par défaut prend en charge :

- IPsec/L2TP avec PSK
- IKEv1 avec PSK et XAuth (« Cisco IPsec »)
- IKEv2

Les ports exposés pour que ce conteneur fonctionne sont :

- 4500/udp et 500/udp pour IPsec

11.11 Exemple de fichier d'environnement VPN

```
# Remarque : toutes les variables de cette image
#            sont facultatives. Voir la section 11.5
#            pour plus de détails.

# Définir IPsec PSK, le nom d'utilisateur et le mot de passe VPN
# - NE PAS mettre "" ou '' autour des valeurs, ni ajouter
#   d'espaces autour de =
# - N'utilisez PAS ces caractères spéciaux dans les
#   valeurs : \ " '
VPN_IPSEC_PSK=your_ipsec_pre_shared_key
VPN_USER=your_vpn_username
VPN_PASSWORD=your_vpn_password

# Définir des utilisateurs VPN supplémentaires
# - NE PAS mettre "" ou '' autour des valeurs, ni ajouter
#   d'espaces autour de =
# - N'utilisez PAS ces caractères spéciaux dans les
#   valeurs : \ " '
# - Les noms d'utilisateur et les mots de passe doivent
#   être séparés par des espaces
VPN_ADDL_USERS=additional_username_1 additional_username_2
VPN_ADDL_PASSWORDS=additional_password_1 additional_password_2

# Utiliser un nom DNS pour le serveur VPN
# - Le nom DNS doit être un nom de domaine complet (FQDN)
VPN_DNS_NAME=vpn.example.com

# Spécifiez un nom pour le premier client IKEv2
# - Utilisez un seul mot, aucun caractère spécial sauf '-' et '_'
# - La valeur par défaut est « vpnclient » si elle n'est
#   pas spécifiée
VPN_CLIENT_NAME=your_client_name
```

```
# Utiliser des serveurs DNS alternatifs
# - Par défaut, les clients sont configurés pour utiliser le
#   Google Public DNS
# - L'exemple ci-dessous montre le service DNS de Cloudflare
VPN_DNS_SRV1=1.1.1.1
VPN_DNS_SRV2=1.0.0.1

# Protégez les fichiers de configuration du client IKEv2
# à l'aide d'un mot de passe
# - Par défaut, aucun mot de passe n'est requis lors de
#   l'importation de la configuration du client IKEv2
# - Définissez cette variable si vous souhaitez protéger
#   ces fichiers à l'aide d'un mot de passe aléatoire
VPN_PROTECT_CONFIG=yes
```

12 Docker VPN : utilisation avancée

12.1 Spécifier des serveurs DNS alternatifs

Par défaut, les clients sont configurés pour utiliser Google Public DNS lorsque le VPN est actif. Si un autre fournisseur DNS est préféré, définissez « VPN_DNS_SRV1 » et éventuellement « VPN_DNS_SRV2 » dans votre fichier « env », puis suivez les instructions de la section 11.8 pour recréer le conteneur Docker. Exemple :

```
VPN_DNS_SRV1=1.1.1.1
VPN_DNS_SRV2=1.0.0.1
```

Utilisez « VPN_DNS_SRV1 » pour spécifier le serveur DNS principal et « VPN_DNS_SRV2 » pour spécifier le serveur DNS secondaire (facultatif). Pour obtenir une liste de certains fournisseurs DNS publics populaires, consultez la section 2.8 Personnaliser les options VPN.

Notez que si IKEv2 est déjà configuré dans le conteneur Docker, vous devrez également modifier `/etc/ipsec.d/ikev2.conf` à l'intérieur du conteneur Docker et remplacer `8.8.8.8` et `8.8.4.4` par vos serveurs DNS alternatifs, puis redémarrer le conteneur Docker.

12.2 Exécuter sans mode privilégié

Les utilisateurs avancés peuvent créer un conteneur Docker à partir de cette image sans utiliser le mode privilégié (remplacez `./vpn.env` dans la commande ci-dessous par votre propre fichier `env`).

Remarque : si votre hôte Docker exécute CentOS Stream, Oracle Linux 8+, Rocky Linux ou AlmaLinux, il est recommandé d'utiliser le mode privilégié (voir la section 11.5.2). Si vous souhaitez exécuter l'application sans mode privilégié, vous **devez** exécuter `modprobe ip_tables` avant de créer le conteneur Docker et également au démarrage.

```
docker run \
    --name ipsec-vpn-server \
```

```
--env-file ./vpn.env \
--restart=always \
-v ikev2-vpn-data:/etc/ipsec.d \
-p 500:500/udp \
-p 4500:4500/udp \
-d --cap-add=NET_ADMIN \
--device=/dev/ppp \
--sysctl net.ipv4.ip_forward=1 \
--sysctl net.ipv4.conf.all.accept_redirects=0 \
--sysctl net.ipv4.conf.all.send_redirects=0 \
--sysctl net.ipv4.conf.all.rp_filter=0 \
--sysctl net.ipv4.conf.default.accept_redirects=0 \
--sysctl net.ipv4.conf.default.send_redirects=0 \
--sysctl net.ipv4.conf.default.rp_filter=0 \
hwdsl2/ipsec-vpn-server
```

Lors de l'exécution sans mode privilégié, le conteneur ne peut pas modifier les paramètres « sysctl ». Cela peut affecter certaines fonctionnalités de cette image. Un problème connu est que le correctif Android/Linux MTU/MSS (section 7.3.6) nécessite également l'ajout de « --sysctl net.ipv4.ip_no_pmtu_disc=1 » à la commande « docker run ». Si vous rencontrez des problèmes, essayez de recréer le conteneur en utilisant le mode privilégié (voir la section 11.5.2).

Après avoir créé le conteneur Docker, consultez la section 11.5.3 Récupérer les détails de connexion VPN.

De même, si vous utilisez Docker compose, vous pouvez remplacer « privileged: true » dans https://github.com/hwdsl2/docker-ipsec-vpn-server/blob/master/docker-compose.yml par :

```
cap_add:
  - NET_ADMIN
devices:
  - "/dev/ppp:/dev/ppp"
sysctls:
  - net.ipv4.ip_forward=1
  - net.ipv4.conf.all.accept_redirects=0
  - net.ipv4.conf.all.send_redirects=0
```

```
- net.ipv4.conf.all.rp_filter=0
- net.ipv4.conf.default.accept_redirects=0
- net.ipv4.conf.default.send_redirects=0
- net.ipv4.conf.default.rp_filter=0
```

Pour plus d'informations, consultez la référence du fichier de composition : https://docs.docker.com/compose/compose-file/

12.3 Sélectionner les modes VPN

À l'aide de cette image Docker, les modes IPsec/L2TP et IPsec/XAuth (« Cisco IPsec ») sont activés par défaut. De plus, le mode IKEv2 sera activé si l'option `-v ikev2-vpn-data:/etc/ipsec.d` est spécifiée dans la commande `docker run` lors de la création du conteneur Docker. Reportez-vous à la section 11.5.2.

Les utilisateurs avancés peuvent désactiver de manière sélective les modes VPN en définissant les variables suivantes dans le fichier « env », puis en recréant le conteneur Docker.

Désactiver le mode IPsec/L2TP :

```
VPN_DISABLE_IPSEC_L2TP=yes
```

Désactiver le mode IPsec/XAuth (« Cisco IPsec ») :

```
VPN_DISABLE_IPSEC_XAUTH=yes
```

Désactiver les modes IPsec/L2TP et IPsec/XAuth :

```
VPN_IKEV2_ONLY=yes
```

12.4 Accéder à d'autres conteneurs sur l'hôte Docker

Après s'être connectés au VPN, les clients VPN peuvent généralement accéder aux services exécutés dans d'autres conteneurs sur le même hôte Docker, sans configuration supplémentaire.

Par exemple, si le conteneur du serveur VPN IPsec a l'adresse IP « 172.17.0.2 » et qu'un conteneur Nginx avec l'adresse IP « 172.17.0.3 » s'exécute sur le même hôte Docker, les clients VPN peuvent utiliser l'adresse IP « 172.17.0.3 » pour accéder aux services sur le conteneur Nginx. Pour savoir quelle adresse IP est attribuée à un conteneur, exécutez `docker inspect [nom du conteneur]`.

12.5 Spécifiez l'IP publique du serveur VPN

Sur les hôtes Docker avec plusieurs adresses IP publiques, les utilisateurs avancés peuvent spécifier une adresse IP publique pour le serveur VPN à l'aide de la variable « VPN_PUBLIC_IP » dans le fichier « env », puis recréer le conteneur Docker. Par exemple, si l'hôte Docker a les adresses IP « 192.0.2.1 » et « 192.0.2.2 » et que vous souhaitez que le serveur VPN utilise « 192.0.2.2 » :

```
VPN_PUBLIC_IP=192.0.2.2
```

Notez que cette variable n'a aucun effet sur le mode IKEv2, si IKEv2 est déjà configuré dans le conteneur Docker. Dans ce cas, vous pouvez supprimer IKEv2 et le configurer à nouveau à l'aide d'options personnalisées. Reportez-vous à la section 11.9 Configurer et utiliser le VPN IKEv2.

Une configuration supplémentaire peut être requise si vous souhaitez que les clients VPN utilisent l'adresse IP publique spécifiée comme « adresse IP sortante » lorsque la connexion VPN est active et que l'adresse IP spécifiée n'est PAS l'adresse IP principale (ou la route par défaut) sur l'hôte Docker. Dans ce cas, vous pouvez essayer d'ajouter une règle IPTables `SNAT` sur l'hôte Docker. Pour conserver la règle après le redémarrage, vous pouvez ajouter la commande à `/etc/rc.local`.

Pour continuer avec l'exemple ci-dessus, si le conteneur Docker a une IP interne « 172.17.0.2 » (vérifiez à l'aide de « docker inspect ipsec-vpn-server »), le nom de l'interface réseau de Docker est « docker0 » (vérifiez à l'aide de « iptables -nvL -t nat »), et vous voulez que « l'IP sortante » soit « 192.0.2.2 » :

```
iptables -t nat -I POSTROUTING -s 172.17.0.2 ! -o docker0 \
  -j SNAT --to 192.0.2.2
```

Pour vérifier « l'adresse IP sortante » d'un client VPN connecté, vous pouvez ouvrir un navigateur sur le client et rechercher l'adresse IP sur Google.

12.6 Attribuer des adresses IP statiques aux clients VPN

Lors de la connexion en mode IPsec/L2TP, le serveur VPN (conteneur Docker) possède une adresse IP interne « 192.168.42.1 » dans le sous-réseau VPN « 192.168.42.0/24 ». Les clients se voient attribuer des adresses IP internes comprises entre « 192.168.42.10 » et « 192.168.42.250 ». Pour vérifier quelle adresse IP est attribuée à un client, consultez l'état de la connexion sur le client VPN.

Lors de la connexion via IPsec/XAuth (« Cisco IPsec ») ou le mode IKEv2, le serveur VPN (conteneur Docker) n'a PAS d'adresse IP interne dans le sous-réseau VPN « 192.168.43.0/24 ». Les clients se voient attribuer des adresses IP internes comprises entre « 192.168.43.10 » et « 192.168.43.250 ».

Les utilisateurs avancés peuvent éventuellement attribuer des adresses IP statiques aux clients VPN. Le mode IKEv2 ne prend PAS en charge cette fonctionnalité. Pour attribuer des adresses IP statiques, déclarez la variable `VPN_ADDL_IP_ADDRS` dans votre fichier `env`, puis recréez le conteneur Docker. Exemple :

```
VPN_ADDL_USERS=user1 user2 user3 user4 user5
VPN_ADDL_PASSWORDS=pass1 pass2 pass3 pass4 pass5
VPN_ADDL_IP_ADDRS=* * 192.168.42.2 192.168.43.2
```

Dans cet exemple, nous attribuons l'IP statique « 192.168.42.2 » à « user3 » pour le mode IPsec/L2TP et l'IP statique « 192.168.43.2 » à « user4 » pour le mode IPsec/XAuth (« Cisco IPsec »). Les IP internes pour « user1 », « user2 » et « user5 » seront attribuées automatiquement. L'IP interne pour « user3 » pour le mode IPsec/XAuth et l'IP interne pour « user4 » pour le mode IPsec/L2TP seront également attribuées automatiquement. Vous pouvez utiliser « * » pour spécifier les IP attribuées automatiquement ou placer ces utilisateurs à la fin de la liste.

Les adresses IP statiques que vous spécifiez pour le mode IPsec/L2TP doivent être comprises entre « 192.168.42.2 » et « 192.168.42.9 ». Les adresses IP statiques que vous spécifiez pour le mode IPsec/XAuth (« Cisco IPsec ») doivent être comprises entre « 192.168.43.2 » et « 192.168.43.9 ».

Si vous devez attribuer davantage d'adresses IP statiques, vous devez réduire le pool d'adresses IP attribuées automatiquement. Exemple :

```
VPN_L2TP_POOL=192.168.42.100-192.168.42.250
VPN_XAUTH_POOL=192.168.43.100-192.168.43.250
```

Cela vous permettra d'attribuer des IP statiques dans la plage allant de « 192.168.42.2 » à « 192.168.42.99 » pour le mode IPsec/L2TP, et dans la plage allant de « 192.168.43.2 » à « 192.168.43.99 » pour le mode IPsec/XAuth (« Cisco IPsec »).

Notez que si vous spécifiez `VPN_XAUTH_POOL` dans le fichier `env` et que IKEv2 est déjà configuré dans le conteneur Docker, vous **devez** modifier manuellement `/etc/ipsec.d/ikev2.conf` dans le conteneur et remplacer `rightaddresspool=192.168.43.10-192.168.43.250` par la **même valeur** que `VPN_XAUTH_POOL`, avant de recréer le conteneur Docker. Sinon, IKEv2 risque de cesser de fonctionner.

Remarque : dans votre fichier `env`, NE placez PAS `""` ou `''` autour des valeurs, et n'ajoutez pas d'espace autour de `=`. N'utilisez PAS ces caractères spéciaux dans les valeurs : `\ " '`.

12.7 Personnaliser les sous-réseaux VPN internes

Par défaut, les clients VPN IPsec/L2TP utiliseront le sous-réseau VPN interne « 192.168.42.0/24 », tandis que les clients VPN IPsec/XAuth (« Cisco IPsec ») et IKEv2 utiliseront le sous-réseau VPN interne « 192.168.43.0/24 ». Pour plus de détails, lisez la section précédente.

Dans la plupart des cas d'utilisation, il n'est PAS nécessaire et PAS recommandé de personnaliser ces sous-réseaux. Cependant, si votre cas d'utilisation l'exige, vous pouvez spécifier des sous-réseaux personnalisés dans votre fichier `env`, puis vous devez recréer le conteneur Docker.

```
# Exemple : spécifier un sous-réseau VPN personnalisé
#           pour le mode IPsec/L2TP
# Remarque : les trois variables doivent être spécifiées.
VPN_L2TP_NET=10.1.0.0/16
VPN_L2TP_LOCAL=10.1.0.1
VPN_L2TP_POOL=10.1.0.10-10.1.254.254

# Exemple : spécifiez un sous-réseau VPN personnalisé
#           pour les modes IPsec/XAuth et IKEv2
# Remarque : les deux variables doivent être spécifiées.
VPN_XAUTH_NET=10.2.0.0/16
VPN_XAUTH_POOL=10.2.0.10-10.2.254.254
```

Remarque : dans votre fichier `env`, NE mettez PAS `""` ou `''` autour des valeurs, et n'ajoutez pas d'espace autour de =.

Dans les exemples ci-dessus, « VPN_L2TP_LOCAL » est l'adresse IP interne du serveur VPN pour le mode IPsec/L2TP. « VPN_L2TP_POOL » et « VPN_XAUTH_POOL » sont les pools d'adresses IP attribuées automatiquement aux clients VPN.

Notez que si vous spécifiez `VPN_XAUTH_POOL` dans le fichier `env` et que IKEv2 est déjà configuré dans le conteneur Docker, vous **devez** modifier manuellement `/etc/ipsec.d/ikev2.conf` dans le conteneur et remplacer `rightaddresspool=192.168.43.10-192.168.43.250` par la **même valeur** que `VPN_XAUTH_POOL`, avant de recréer le conteneur Docker. Sinon, IKEv2 risque de cesser de fonctionner.

12.8 À propos du mode réseau hôte

Les utilisateurs avancés peuvent exécuter cette image en mode réseau hôte (https://docs.docker.com/network/host/), en ajoutant `--network=host` à la commande `docker run`.

Le mode réseau hôte n'est PAS recommandé pour cette image, sauf si votre cas d'utilisation l'exige. Dans ce mode, la pile réseau du conteneur n'est pas isolée de l'hôte Docker et les clients VPN peuvent accéder aux ports ou aux services sur l'hôte Docker à l'aide de son IP VPN interne « 192.168.42.1 » après s'être connectés à l'aide du mode IPsec/L2TP. Notez que vous devrez nettoyer manuellement les modifications apportées aux règles IPTables et aux paramètres sysctl en exécutant run.sh (https://github.com/hwdsl2/docker-ipsec-vpn-server/blob/master/run.sh) ou redémarrer le serveur lorsque vous n'utilisez plus cette image.

Certains systèmes d'exploitation hôtes Docker, tels que Debian 10, ne peuvent pas exécuter cette image en mode réseau hôte en raison de l'utilisation de nftables.

12.9 Activer les journaux Libreswan

Pour conserver une image Docker de petite taille, les journaux Libreswan (IPsec) ne sont pas activés par défaut. Si vous devez l'activer à des fins de dépannage, démarrez d'abord une session Bash dans le conteneur en cours d'exécution :

```
docker exec -it ipsec-vpn-server env TERM=xterm bash -l
```

Exécutez ensuite les commandes suivantes :

```
# Pour une image basée sur Alpine
apk add --no-cache rsyslog
rsyslogd
rc-service ipsec stop; rc-service -D ipsec start >/dev/null 2>&1
sed -i '\|pluto\.pid|a rm -f /var/run/rsyslogd.pid; rsyslogd' \
  /opt/src/run.sh
exit
# Pour une image basée sur Debian
apt-get update && apt-get -y install rsyslog
rsyslogd
service ipsec restart
sed -i '\|pluto\.pid|a rm -f /var/run/rsyslogd.pid; rsyslogd' \
  /opt/src/run.sh
exit
```

Remarque : l'erreur `rsyslogd: imklog: cannot open kernel log` est normale si vous utilisez cette image Docker sans mode privilégié.

Une fois terminé, vous pouvez vérifier les journaux Libreswan avec :

```
docker exec -it ipsec-vpn-server grep pluto /var/log/auth.log
```

Pour vérifier les journaux xl2tpd, exécutez `docker logs ipsec-vpn-server`.

12.10 Vérifier l'état du serveur

Vérifiez l'état du serveur VPN IPsec :

```
docker exec -it ipsec-vpn-server ipsec status
```

Afficher les connexions VPN actuellement établies :

```
docker exec -it ipsec-vpn-server ipsec trafficstatus
```

12.11 Construire à partir du code source

Les utilisateurs avancés peuvent télécharger et compiler le code source depuis GitHub :

```
git clone https://github.com/hwdsl2/docker-ipsec-vpn-server
cd docker-ipsec-vpn-server
# Pour construire une image basée sur Alpine
docker build -t hwdsl2/ipsec-vpn-server .
# Pour construire une image basée sur Debian
docker build -f Dockerfile.debian \
  -t hwdsl2/ipsec-vpn-server:debian .
```

Ou utilisez ceci si vous ne modifiez pas le code source :

```
# Pour construire une image basée sur Alpine
docker build -t hwdsl2/ipsec-vpn-server \
  github.com/hwdsl2/docker-ipsec-vpn-server
# Pour construire une image basée sur Debian
docker build -f Dockerfile.debian \
  -t hwdsl2/ipsec-vpn-server:debian \
  github.com/hwdsl2/docker-ipsec-vpn-server
```

12.12 Shell Bash à l'intérieur du conteneur

Pour démarrer une session Bash dans le conteneur en cours d'exécution :

```
docker exec -it ipsec-vpn-server env TERM=xterm bash -l
```

(Facultatif) Installez l'éditeur « nano » :

```
# Pour une image basée sur Alpine
apk add --no-cache nano
# Pour une image basée sur Debian
apt-get update && apt-get -y install nano
```

Exécutez ensuite vos commandes à l'intérieur du conteneur. Une fois terminé, quittez le conteneur et redémarrez-le si nécessaire :

```
exit
docker restart ipsec-vpn-server
```

12.13 Monter le fichier env

En guise d'alternative à l'option `--env-file`, les utilisateurs avancés peuvent monter le fichier `env` en mode bind. L'avantage de cette méthode est qu'après avoir mis à jour le fichier `env`, vous pouvez redémarrer le conteneur Docker pour qu'il prenne effet au lieu de le recréer. Pour utiliser cette méthode, vous devez d'abord modifier votre fichier `env` et utiliser des guillemets simples `''` pour entourer les valeurs de toutes les variables. Ensuite, (re)créez le conteneur Docker (remplacez le premier `vpn.env` par votre propre fichier `env`) :

```
docker run \
    --name ipsec-vpn-server \
    --restart=always \
    -v "$(pwd)/vpn.env:/opt/src/env/vpn.env:ro" \
    -v ikev2-vpn-data:/etc/ipsec.d \
    -v /lib/modules:/lib/modules:ro \
    -p 500:500/udp \
    -p 4500:4500/udp \
```

```
    -d --privileged \
    hwdsl2/ipsec-vpn-server
```

12.14 Tunneling fractionné pour IKEv2

Avec le tunneling fractionné, les clients VPN envoient uniquement le trafic destiné à un sous-réseau de destination spécifique via le tunnel VPN. Le reste du trafic NE transitera PAS par le tunnel VPN. Cela vous permet d'accéder en toute sécurité à un réseau via votre VPN, sans acheminer tout le trafic de votre client via le VPN. Le tunneling fractionné présente certaines limites et n'est pas pris en charge par tous les clients VPN.

Les utilisateurs avancés peuvent éventuellement activer le tunneling fractionné pour le mode IKEv2. Ajoutez la variable `VPN_SPLIT_IKEV2` à votre fichier `env`, puis recréez le conteneur Docker. Par exemple, si le sous-réseau de destination est `10.123.123.0/24` :

```
VPN_SPLIT_IKEV2=10.123.123.0/24
```

Notez que cette variable n'a aucun effet si IKEv2 est déjà configuré dans le conteneur Docker. Dans ce cas, vous avez deux options :

Option 1 : commencez par démarrer un shell Bash à l'intérieur du conteneur (voir la section 12.12), puis modifiez `/etc/ipsec.d/ikev2.conf` et remplacez `leftsubnet=0.0.0.0/0` par le sous-réseau souhaité. Une fois terminé, `quittez` le conteneur et exécutez `docker restart ipsec-vpn-server`.

Option 2 : supprimez le conteneur Docker et le volume « ikev2-vpn-data », puis recréez le conteneur Docker. Toute la configuration VPN sera **définitivement supprimée**. Reportez-vous à « supprimer IKEv2 » dans la section 11.9 Configurer et utiliser le VPN IKEv2.

Les utilisateurs Windows peuvent également activer le tunneling fractionné en ajoutant manuellement des itinéraires. Pour plus de détails, voir la section 8.7 Tunneling fractionné.

13 Créez votre propre serveur OpenVPN

Voir ce projet sur le Web : https://github.com/hwdsl2/openvpn-install

Utilisez ce script d'installation de serveur OpenVPN pour configurer votre propre serveur VPN en quelques minutes seulement, même si vous n'avez jamais utilisé OpenVPN auparavant. OpenVPN est un protocole VPN open source, robuste et très flexible.

Ce script prend en charge Ubuntu, Debian, AlmaLinux, Rocky Linux, CentOS, Fedora, openSUSE, Amazon Linux 2 et Raspberry Pi OS.

13.1 Caractéristiques

- Configuration du serveur OpenVPN entièrement automatisée, aucune intervention de l'utilisateur n'est requise
- Prend en charge l'installation interactive à l'aide d'options personnalisées
- Génère des profils VPN pour configurer automatiquement les appareils Windows, macOS, iOS et Android
- Prend en charge la gestion des utilisateurs et des certificats OpenVPN
- Optimise les paramètres « sysctl » pour améliorer les performances VPN

13.2 Installation

Tout d'abord, téléchargez le script sur votre serveur Linux*:

```
wget -O openvpn.sh https://get.vpnsetup.net/ovpn
```

* Un serveur cloud, un serveur privé virtuel (VPS) ou un serveur dédié.

Option 1 : installer automatiquement OpenVPN à l'aide des options par défaut.

```
sudo bash openvpn.sh --auto
```

Pour les serveurs dotés d'un pare-feu externe (par exemple EC2/GCE), ouvrez le port UDP 1194 pour le VPN.

Exemple de sortie :

```
$ sudo bash openvpn.sh --auto

OpenVPN Script
https://github.com/hwdsl2/openvpn-install

Starting OpenVPN setup using default options.

Server IP: 192.0.2.1
Port: UDP/1194
Client name: client
Client DNS: Google Public DNS

Installing OpenVPN, please wait...
+ apt-get -yqq update
+ apt-get -yqq --no-install-recommends install openvpn
+ apt-get -yqq install openssl ca-certificates
+ ./easyrsa --batch init-pki
+ ./easyrsa --batch build-ca nopass
+ ./easyrsa --batch --days=3650 build-server-full server nopass
+ ./easyrsa --batch --days=3650 build-client-full client nopass
+ ./easyrsa --batch --days=3650 gen-crl
+ openvpn --genkey --secret /etc/openvpn/server/tc.key
+ systemctl enable --now openvpn-iptables.service
+ systemctl enable --now openvpn-server@server.service

Finished!

The client configuration is available in: /root/client.ovpn
New clients can be added by running this script again.
```

Après l'installation, vous pouvez exécuter à nouveau le script pour gérer les utilisateurs ou désinstaller OpenVPN.

Étapes suivantes : configurez votre ordinateur ou votre appareil pour utiliser le VPN. Voir :

14 Configurer les clients OpenVPN

Profitez de votre propre VPN !

Option 2 : installation interactive à l'aide d'options personnalisées.

```
sudo bash openvpn.sh
```

Vous pouvez personnaliser les options suivantes : nom DNS du serveur VPN, protocole (TCP/UDP) et port, serveur DNS pour les clients VPN et nom du premier client.

Pour les serveurs dotés d'un pare-feu externe, ouvrez le port TCP ou UDP sélectionné pour le VPN.

Exemples d'étapes (remplacez par vos propres valeurs) :

Remarque : ces options peuvent changer dans les versions plus récentes du script. Lisez attentivement avant de sélectionner l'option souhaitée.

```
$ sudo bash openvpn.sh

Welcome to this OpenVPN server installer!
GitHub: https://github.com/hwdsl2/openvpn-install

I need to ask you a few questions before starting setup. You can use the default options and just press enter if you are OK with them.
```

Entrez le nom DNS du serveur VPN :

```
Do you want OpenVPN clients to connect to this server using a DNS name, e.g. vpn.example.com, instead of its IP address? [y/N] y

Enter the DNS name of this VPN server: vpn.example.com
```

Sélectionnez le protocole et le port pour OpenVPN :

```
Which protocol should OpenVPN use?
   1) UDP (recommended)
   2) TCP
Protocol [1]:
```

```
Which port should OpenVPN listen to?
Port [1194]:
```

Sélectionnez les serveurs DNS :

```
Select a DNS server for the clients:
   1) Current system resolvers
   2) Google Public DNS
   3) Cloudflare DNS
   4) OpenDNS
   5) Quad9
   6) AdGuard DNS
   7) Custom
DNS server [2]:
```

Fournissez un nom pour le premier client :

```
Enter a name for the first client:
Name [client]:
```

Confirmez et démarrez l'installation d'OpenVPN :

```
OpenVPN installation is ready to begin.
Do you want to continue? [Y/n]
```

▼ Si vous ne parvenez pas à télécharger, suivez les étapes ci-dessous.

Vous pouvez également utiliser `curl` pour télécharger :

```
curl -fL -o openvpn.sh https://get.vpnsetup.net/ovpn
```

Suivez ensuite les instructions ci-dessus pour l'installation.

URL de téléchargement alternatives :

```
https://github.com/hwdsl2/openvpn-install/raw/master/openvpn-install.sh
https://gitlab.com/hwdsl2/openvpn-install/-/raw/master/openvpn-install.sh
```

▼ Avancé : installation automatique à l'aide d'options personnalisées.

Les utilisateurs avancés peuvent installer automatiquement OpenVPN à l'aide d'options personnalisées, en spécifiant des options de ligne de commande lors de l'exécution du script. Pour plus de détails, exécutez :

```
sudo bash openvpn.sh -h
```

Vous pouvez également fournir un « document ici » Bash comme entrée au script d'installation. Cette méthode peut également être utilisée pour fournir des entrées permettant de gérer les utilisateurs après l'installation.

Tout d'abord, installez OpenVPN de manière interactive à l'aide d'options personnalisées et notez toutes vos entrées dans le script.

```
sudo bash openvpn.sh
```

Si vous devez supprimer OpenVPN, exécutez à nouveau le script et sélectionnez l'option appropriée.

Ensuite, créez la commande d'installation personnalisée à l'aide de vos entrées. Exemple :

```
sudo bash openvpn.sh <<ANSWERS
n
1
1194
2
client
y
ANSWERS
```

Remarque : les options d'installation peuvent changer dans les futures versions du script.

13.3 Étapes suivantes

Après l'installation, vous pouvez exécuter à nouveau le script pour gérer les utilisateurs ou désinstaller OpenVPN.

Configurez votre ordinateur ou votre appareil pour utiliser le VPN. Voir :

14 Configurer les clients OpenVPN

14 Configurer les clients OpenVPN

L'option clients OpenVPN (https://openvpn.net/vpn-client/) est disponible pour Windows, macOS, iOS et Android. Les utilisateurs de macOS peuvent également utiliser Tunnelblick (https://tunnelblick.net).

Pour ajouter une connexion VPN, transférez d'abord en toute sécurité le fichier « .ovpn » généré sur votre appareil, puis ouvrez l'application OpenVPN et importez le profil VPN.

Pour gérer les clients OpenVPN, exécutez à nouveau le script d'installation : « sudo bash openvpn.sh ». Voir le chapitre 15 pour plus de détails.

- Plateformes
  - Windows
  - macOS
  - Android
  - iOS (iPhone/iPad)

Clients OpenVPN : https://openvpn.net/vpn-client/

14.1 Windows

1. Transférez en toute sécurité le fichier « .ovpn » généré sur votre ordinateur.
2. Installez et lancez clients VPN **OpenVPN Connect**.
3. Sur l'écran **Get connected**, cliquez sur l'onglet **Upload file**.
4. Faites glisser et déposez le fichier « .ovpn » dans la fenêtre, ou recherchez et sélectionnez le fichier « .ovpn » , puis cliquez sur **Ouvrir**.
5. Cliquez sur **Connect**.

14.2 macOS

1. Transférez en toute sécurité le fichier « .ovpn » généré sur votre ordinateur.
2. Installez et lancez Tunnelblick (https://tunnelblick.net).

3. Sur l'écran d'accueil, cliquez sur **J'ai des fichiers de configuration**.
4. Sur l'écran **Ajouter une configuration**, cliquez sur **OK**.
5. Cliquez sur l'icône Tunnelblick dans la barre de menu, puis sélectionnez **Détails VPN**.
6. Faites glisser et déposez le fichier « .ovpn » dans la fenêtre **Configurations** (volet de gauche).
7. Suivez les instructions à l'écran pour installer le profil OpenVPN.
8. Cliquez sur **Connecter**.

14.3 Android

1. Transférez en toute sécurité le fichier « .ovpn » généré sur votre appareil Android.
2. Installez et lancez **OpenVPN Connect** depuis **Google Play**.
3. Sur l'écran **Get connected**, appuyez sur l'onglet **Upload file**.
4. Appuyez sur **Browse**, puis recherchez et sélectionnez le fichier « .ovpn ».

   Remarque : pour trouver le fichier « .ovpn » , appuyez sur le bouton de menu à trois lignes, puis accédez à l'emplacement où vous avez enregistré le fichier.
5. Sur l'écran **Imported Profile**, appuyez sur **Connect**.

14.4 iOS (iPhone/iPad)

Tout d'abord, installez et lancez **OpenVPN Connect** depuis **App Store**. Transférez ensuite en toute sécurité le fichier « .ovpn » généré sur votre appareil iOS. Pour transférer le fichier, vous pouvez :

1. Envoyer le fichier par AirDrop et l'ouvrir avec OpenVPN, ou
2. Le télécharger sur votre appareil (dossier de l'application OpenVPN) à l'aide de partager des fichiers (https://support.apple.com/fr-fr/119585), puis lancer l'application OpenVPN Connect et appuyer sur l'onglet **File**.

Une fois terminé, appuyez sur **Add** pour importer le profil VPN, puis sur **Connect**.

Pour personnaliser les paramètres de l'application OpenVPN Connect, appuyez sur le bouton de menu à trois lignes, puis sur **Settings**.

15 OpenVPN : gérer les clients VPN

Après avoir configuré OpenVPN sur votre serveur, vous pouvez gérer les clients OpenVPN en suivant les instructions de ce chapitre. Par exemple, vous pouvez ajouter de nouveaux clients VPN sur le serveur pour vos ordinateurs et appareils mobiles supplémentaires, répertorier les clients existants ou exporter la configuration d'un client existant.

Pour gérer les clients OpenVPN, connectez-vous d'abord à votre serveur via SSH, puis exécutez :

```
sudo bash openvpn.sh
```

Vous verrez les options suivantes :

```
OpenVPN is already installed.

Select an option:
  1) Add a new client
  2) Export config for an existing client
  3) List existing clients
  4) Revoke an existing client
  5) Remove OpenVPN
  6) Exit
```

Vous pouvez ensuite saisir l'option souhaitée pour ajouter, exporter, répertorier ou révoquer un ou plusieurs clients OpenVPN.

Remarque : ces options peuvent changer dans les versions plus récentes du script. Lisez attentivement avant de sélectionner l'option souhaitée.

Vous pouvez également exécuter « openvpn.sh » avec des options de ligne de commande. Voir ci-dessous pour plus de détails.

15.1 Ajouter un nouveau client

Pour ajouter un nouveau client OpenVPN :

1. Sélectionnez l'option 1 dans le menu, en tapant 1 et en appuyant sur Entrée.

2. Donnez un nom au nouveau client.

Vous pouvez également exécuter « openvpn.sh » avec l'option « --addclient ». Utilisez l'option « -h » pour afficher l'utilisation.

```
sudo bash openvpn.sh --addclient [nom du client]
```

Étapes suivantes : configurer les clients OpenVPN. Voir le chapitre 14 pour plus de détails.

15.2 Exporter un client existant

Pour exporter la configuration OpenVPN d'un client existant :

1. Sélectionnez l'option 2 dans le menu, en tapant 2 et en appuyant sur Entrée.
2. Dans la liste des clients existants, sélectionnez le client que vous souhaitez exporter.

Vous pouvez également exécuter « openvpn.sh » avec l'option « --exportclient ».

```
sudo bash openvpn.sh --exportclient [nom du client]
```

15.3 Faire la liste des clients existants

Sélectionnez l'option 3 dans le menu, en tapant 3 et en appuyant sur Entrée. Le script affichera alors une liste des clients OpenVPN existants.

Vous pouvez également exécuter « openvpn.sh » avec l'option « --listclients ».

```
sudo bash openvpn.sh --listclients
```

15.4 Révoquer un client

Dans certaines circonstances, vous devrez peut-être résilier un certificat client OpenVPN précédemment généré.

1. Sélectionnez l'option 4 dans le menu, en tapant 4 et en appuyant sur Entrée.
2. Dans la liste des clients existants, sélectionnez le client que vous souhaitez révoquer.
3. Confirmez la révocation du client.

Vous pouvez également exécuter « openvpn.sh » avec l'option « --revokeclient ».

```
sudo bash openvpn.sh --revokeclient [nom du client]
```

16 Créez votre propre serveur VPN WireGuard

Voir ce projet sur le Web : https://github.com/hwdsl2/wireguard-install

Utilisez ce script d'installation de serveur VPN WireGuard pour configurer votre propre serveur VPN en quelques minutes seulement, même si vous n'avez jamais utilisé WireGuard auparavant. WireGuard est un VPN rapide et moderne conçu dans un souci de simplicité d'utilisation et de hautes performances.

Ce script prend en charge Ubuntu, Debian, AlmaLinux, Rocky Linux, CentOS, Fedora, openSUSE et Raspberry Pi OS.

16.1 Caractéristiques

- Configuration du serveur VPN WireGuard entièrement automatisée, aucune intervention de l'utilisateur n'est requise
- Prend en charge l'installation interactive à l'aide d'options personnalisées
- Génère des profils VPN pour configurer automatiquement les appareils Windows, macOS, iOS et Android
- Prend en charge la gestion des utilisateurs VPN WireGuard
- Optimise les paramètres « sysctl » pour améliorer les performances VPN

16.2 Installation

Tout d'abord, téléchargez le script sur votre serveur Linux*:

```
wget -O wireguard.sh https://get.vpnsetup.net/wg
```

* Un serveur cloud, un serveur privé virtuel (VPS) ou un serveur dédié.

Option 1 : installer automatiquement WireGuard à l'aide des options par défaut.

```
sudo bash wireguard.sh --auto
```

Pour les serveurs dotés d'un pare-feu externe (par exemple EC2/GCE), ouvrez le port UDP 51820 pour le VPN.

Exemple de sortie :

```
$ sudo bash wireguard.sh --auto

WireGuard Script
https://github.com/hwdsl2/wireguard-install

Starting WireGuard setup using default options.

Server IP: 192.0.2.1
Port: UDP/51820
Client name: client
Client DNS: Google Public DNS

Installing WireGuard, please wait...
+ apt-get -yqq update
+ apt-get -yqq install wireguard qrencode
+ systemctl enable --now wg-iptables.service
+ systemctl enable --now wg-quick@wg0.service

 -------------------------------
| Code QR pour la configuration |
| du client                     |
 -------------------------------
↑ That is a QR code containing the client configuration.

Finished!

The client configuration is available in: /root/client.conf
New clients can be added by running this script again.
```

Après l'installation, vous pouvez exécuter à nouveau le script pour gérer les utilisateurs ou désinstaller WireGuard.

Étapes suivantes : configurez votre ordinateur ou votre appareil pour utiliser le VPN. Voir :

Profitez de votre propre VPN !

Option 2 : installation interactive à l'aide d'options personnalisées.

```
sudo bash wireguard.sh
```

Vous pouvez personnaliser les options suivantes : nom DNS du serveur VPN, port UDP, serveur DNS pour les clients VPN et nom du premier client.

Pour les serveurs dotés d'un pare-feu externe, ouvrez le port UDP sélectionné pour le VPN.

Exemples d'étapes (remplacez par vos propres valeurs) :

Remarque : ces options peuvent changer dans les versions plus récentes du script. Lisez attentivement avant de sélectionner l'option souhaitée.

```
$ sudo bash wireguard.sh

Welcome to this WireGuard server installer!
GitHub: https://github.com/hwdsl2/wireguard-install

I need to ask you a few questions before starting setup. You can use the default options and just press enter if you are OK with them.
```

Entrez le nom DNS du serveur VPN :

```
Do you want WireGuard VPN clients to connect to this server using a DNS name, e.g. vpn.example.com, instead of its IP address? [y/N] y

Enter the DNS name of this VPN server: vpn.example.com
```

Sélectionnez un port UDP pour WireGuard :

```
Which port should WireGuard listen to?
Port [51820]:
```

Fournissez un nom pour le premier client :

```
Enter a name for the first client:
Name [client]:
```

Sélectionnez les serveurs DNS :

```
Select a DNS server for the client:
   1) Current system resolvers
   2) Google Public DNS
   3) Cloudflare DNS
   4) OpenDNS
   5) Quad9
   6) AdGuard DNS
   7) Custom
DNS server [2]:
```

Confirmez et démarrez l'installation de WireGuard :

```
WireGuard installation is ready to begin.
Do you want to continue? [Y/n]
```

▼ Si vous ne parvenez pas à télécharger, suivez les étapes ci-dessous.

Vous pouvez également utiliser `curl` pour télécharger :

```
curl -fL -o wireguard.sh https://get.vpnsetup.net/wg
```

Suivez ensuite les instructions ci-dessus pour l'installation.

URL de téléchargement alternatives :

```
https://github.com/hwdsl2/wireguard-install/raw/master/wireguard-install.sh
https://gitlab.com/hwdsl2/wireguard-install/-/raw/master/wireguard-install.sh
```

▼ Avancé : installation automatique à l'aide d'options personnalisées.

Les utilisateurs avancés peuvent installer automatiquement WireGuard à l'aide d'options personnalisées, en spécifiant des options de ligne de commande lors de l'exécution du script. Pour plus de détails, exécutez :

```
sudo bash wireguard.sh -h
```

Vous pouvez également fournir un « document ici » Bash comme entrée au script d'installation. Cette méthode peut également être utilisée pour fournir des entrées permettant de gérer les utilisateurs après l'installation.

Tout d'abord, installez WireGuard de manière interactive à l'aide d'options personnalisées et notez toutes vos entrées dans le script.

```
sudo bash wireguard.sh
```

Si vous devez supprimer WireGuard, exécutez à nouveau le script et sélectionnez l'option appropriée.

Ensuite, créez la commande d'installation personnalisée à l'aide de vos entrées. Exemple :

```
sudo bash wireguard.sh <<ANSWERS
n
51820
client
2
y
ANSWERS
```

Remarque : les options d'installation peuvent changer dans les futures versions du script.

16.3 Étapes suivantes

Après l'installation, vous pouvez exécuter à nouveau le script pour gérer les utilisateurs ou désinstaller WireGuard.

Configurez votre ordinateur ou votre appareil pour utiliser le VPN. Voir :

17 Configurer les clients VPN WireGuard

Profitez de votre propre VPN !

17 Configurer les clients VPN WireGuard

L'option clients VPN WireGuard est disponible pour Windows, macOS, iOS et Android :
https://www.wireguard.com/install/

Pour ajouter une connexion VPN, ouvrez l'application WireGuard sur votre appareil mobile, appuyez sur le bouton « Ajouter », puis scannez le code QR généré dans la sortie du script.

Pour Windows et macOS, transférez d'abord en toute sécurité le fichier « .conf » généré sur votre ordinateur, puis ouvrez WireGuard et importez le fichier.

Pour gérer l'option clients VPN WireGuard, exécutez à nouveau le script d'installation : « sudo bash wireguard.sh ». Voir le chapitre 18 pour plus de détails.

- Plateformes
  - Windows
  - macOS
  - Android
  - iOS (iPhone/iPad)

Clients VPN WireGuard :
https://www.wireguard.com/install/

17.1 Windows

1. Transférez en toute sécurité le fichier « .conf » généré sur votre ordinateur.
2. Installez et lancez l'option clients VPN **WireGuard**.
3. Cliquez sur **Importer le(s) tunnel(s) à partir du fichier**.
4. Accédez au fichier « .conf » et sélectionnez-le, puis cliquez sur **Ouvrir**.
5. Cliquez sur **Activer**.

17.2 macOS

1. Transférez en toute sécurité le fichier « .conf » généré sur votre ordinateur.
2. Installez et lancez l'application **WireGuard** depuis l'**App Store**.
3. Cliquez sur **Importer le(s) tunnel(s) à partir du fichier**.
4. Accédez au fichier « .conf » et sélectionnez-le, puis cliquez sur **Importer**.
5. Cliquez sur **Activer**.

17.3 Android

1. Installez et lancez l'application **WireGuard** depuis **Google Play**.
2. Appuyez sur le bouton « + », puis sur **Importer depuis un QR code**.
3. Scannez le code QR généré dans la sortie du script VPN.
4. Saisissez le nom de votre choix pour le **Nom du tunnel**.
5. Appuyez sur **Créer un tunnel**.
6. Faites glisser le commutateur sur ON pour le nouveau profil VPN.

17.4 iOS (iPhone/iPad)

1. Installez et lancez l'application **WireGuard** depuis **App Store**.
2. Appuyez sur **Ajouter un tunnel**, puis sur **Créer à partir d'un code QR**.
3. Scannez le code QR généré dans la sortie du script VPN.
4. Saisissez le nom de votre choix pour le tunnel.
5. Appuyez sur **Enregistrer**.
6. Faites glisser le commutateur sur ON pour le nouveau profil VPN.

18 WireGuard : gérer les clients VPN

Après avoir configuré WireGuard sur votre serveur, vous pouvez gérer les clients VPN WireGuard en suivant les instructions de ce chapitre. Par exemple, vous pouvez ajouter de nouveaux clients VPN sur le serveur pour vos ordinateurs et appareils mobiles supplémentaires, répertorier les clients existants ou supprimer un client existant.

Pour gérer les clients VPN WireGuard, connectez-vous d'abord à votre serveur via SSH, puis exécutez :

```
sudo bash wireguard.sh
```

Vous verrez les options suivantes :

```
WireGuard is already installed.

Select an option:
  1) Add a new client
  2) List existing clients
  3) Remove an existing client
  4) Show QR code for a client
  5) Remove WireGuard
  6) Exit
```

Vous pouvez ensuite saisir l'option souhaitée pour ajouter, répertorier ou supprimer les clients VPN WireGuard.

Remarque : ces options peuvent changer dans les versions plus récentes du script. Lisez attentivement avant de sélectionner l'option souhaitée.

Vous pouvez également exécuter « wireguard.sh » avec les options de ligne de commande. Voir ci-dessous pour plus de détails.

18.1 Ajouter un nouveau client

Pour ajouter un nouveau client VPN WireGuard :

1. Sélectionnez l'option 1 dans le menu, en tapant 1 et en appuyant sur Entrée.
2. Donnez un nom au nouveau client.
3. Sélectionnez un serveur DNS pour le nouveau client, qui sera utilisé lors de la connexion au VPN.

Vous pouvez également exécuter « wireguard.sh » avec l'option « --addclient ». Utilisez l'option « -h » pour afficher l'utilisation.

```
sudo bash wireguard.sh --addclient [nom du client]
```

Étapes suivantes : configurer les clients VPN WireGuard. Voir le chapitre 17 pour plus de détails.

18.2 Faire la liste des clients existants

Sélectionnez l'option 2 dans le menu, en tapant 2 et en appuyant sur Entrée. Le script affichera alors une liste des clients VPN WireGuard existants.

Vous pouvez également exécuter « wireguard.sh » avec l'option « --listclients ».

```
sudo bash wireguard.sh --listclients
```

18.3 Supprimer un client

Pour supprimer un client VPN WireGuard existant :

1. Sélectionnez l'option 3 dans le menu, en tapant 3 et en appuyant sur Entrée.
2. Dans la liste des clients existants, sélectionnez le client que vous souhaitez supprimer.
3. Confirmez la suppression du client.

Vous pouvez également exécuter « wireguard.sh » avec l'option « --removeclient ».

```
sudo bash wireguard.sh --removeclient [nom du client]
```

18.4 Afficher le code QR d'un client

Pour afficher le code QR d'un client existant :

1. Sélectionnez l'option 4 dans le menu, en tapant 4 et en appuyant sur Entrée.
2. Dans la liste des clients existants, sélectionnez le client pour lequel vous souhaitez afficher le code QR.

Vous pouvez également exécuter « wireguard.sh » avec l'option « --showclientqr ».

```
sudo bash wireguard.sh --showclientqr [nom du client]
```

Vous pouvez utiliser des codes QR pour configurer les clients VPN WireGuard Android et iOS. Consultez le chapitre 17 pour plus de détails.

À propos de l'auteur

Lin Song, PhD, est ingénieur logiciel et développeur open source. Il a créé et maintient les projets Setup IPsec VPN sur GitHub depuis 2014, visant à créer son propre serveur VPN en quelques minutes seulement. Ses projets ont plus de 20 000 étoiles GitHub et plus de 30 millions de pulls Docker, et ont aidé des millions d'utilisateurs à configurer leurs propres serveurs VPN.

Rejoignez Lin Song
GitHub : https://github.com/hwdsl2
LinkedIn : https://www.linkedin.com/in/linsongui

Merci de votre lecture ! J'espère que vous tirerez le meilleur parti de la lecture de ce livre. S'il vous a été utile, je vous serai très reconnaissant de laisser une note ou de publier un bref avis.

Merci,
Lin Song
Auteur

www.ingramcontent.com/pod-product-compliance
Lightning Source LLC
LaVergne TN
LVHW082037051026
849532LV00011B/3394